国家出版基金项目
NATIONAL PUBLICATION FOUNDATION

革命文物背后的

红色故事

姜廷玉　编著

文心出版社

·郑州·

图书在版编目（CIP）数据

忠魂 : 革命文物背后的红色故事 / 姜廷玉编著 . —
郑州 : 文心出版社 , 2024.3
ISBN 978-7-5510-2967-4

Ⅰ . ①忠… Ⅱ . ①姜… Ⅲ . ①革命文物—中国—通俗
读物 Ⅳ . ① K871.6-49

中国国家版本馆 CIP 数据核字 (2024) 第 003562 号

出 版 人：田明旺		责任校对：王 莹 王 培	
项目统筹：马 达		封面设计：昆 词	
选题策划：马保民		美术编辑：常红岩	
责任编辑：徐花玲 邱真真			

出　　版　文心出版社
社　　址　河南自贸试验区郑州片区（郑东）祥盛街 27 号　　邮政编码：450016
发　　行　全国新华书店
印　　刷　河南新华印刷集团有限公司
版　　次　2024 年 3 月第 1 版
印　　次　2024 年 3 月第 1 次印刷
开　　本　710 毫米 × 1000 毫米　1 / 16
印　　张　14.5
字　　数　200 千字
书　　号　ISBN 978-7-5510-2967-4
定　　价　66.00 元

如发现印、装质量问题，请与印刷厂联系。　电话：0371-65957865

前　言

习近平总书记指出，革命文物承载党和人民英勇奋斗的光荣历史，记载中国革命的伟大历程和感人事迹，是党和国家的宝贵财富，是弘扬革命传统和革命文化、加强社会主义精神文明建设、激发爱国热情、振奋民族精神的生动教材。

文物，是历史的产物和见证。许许多多的革命文物，是中国共产党领导人民军队为创建新中国浴血奋战的见证，是党领导中国人民为追求历史进步和民族复兴而努力奋斗的象征。它们铺就了中国从昨天走到今天，从今天走向未来的路途。它们记载了人民太多的期待，写下了共和国苦难中闪耀的辉煌。它们背后珍藏着许多感人的红色故事，折射出共产党人崇高的革命精神。

为了不忘初心，传承红色基因，对广大青少年进行革命历史和革命传统教育，我们编写了《忠魂——革命文物背后的红色故事》一书。全书分为"英雄旗帜""英烈遗物""功勋武器"三个部分，通过珍贵的历史文物，展现了中国共产党领导中国人民为创建新中国英勇奋战的光辉历史，揭示了革命文物背后的红色故事及其深刻的精神内涵。

"英雄旗帜"篇，展现了党中央、中央军委和各级领导机关授予英雄群体和先进集体的奖旗及其背后的故事。这些奖旗，是英雄群体和广大将士用鲜血和生命染成的，是英雄的旗帜，是血染的风采。其中有抗日战争时期八路军"平型关大战突击连"的奖旗、新四军八十二烈士用鲜血染成的"刘老庄连"奖旗；有解放战争时期反映人民解放军英勇奋战的"光荣的临汾旅""济南第一团""塔山英雄团"奖旗；有抗美援朝战争中"黄草岭英雄连""新兴里战斗模范连""白云山团"奖旗；有反映新中国成立初期解放沿海岛屿的插向一江山岛主峰的红旗，还有身居闹市、一尘不染的"南京路上好八连"奖旗等。这些奖旗，见证了革命战争年代的硝烟，展现了人民军队的革命英雄主义精神，讲述着一个个血与火的故事。

"英烈遗物"篇，展现了在革命战争时期，许多共产党人和革命将士为了民族的独立和人民的解放，或在战场上浴血奋战、英勇牺牲，或在敌人刑场上忠贞不屈、英勇就义的英雄事迹。这些英烈们留下的许多珍贵的历史文物，从不同侧面见证了革命战争的历史。李硕勋的遗书、吴焕先的毛毯、邓萍的衣物、刘伯坚的《带镣行》、方志敏的《可爱的中国》等文物，反映了共产党人为了革命的理想信念，为了红色苏维埃政权誓死奋斗的革命精神；赵尚志的皮箱、赵一曼的粗瓷大碗、杨靖宇的印章、左权的信等文物，见证了中华民族团结御侮、浴血抗战的历史和爱国主义精神；白求恩的止血钳、柯棣华的外科手术盒等文物，反映了国际友人支援中国抗战的国际主义精神；陈金合的机枪、董存瑞的铁钩、李白修理电台的工具、林茂成的奖章等文物，展现了英烈们英勇牺牲的革命精神；英雄罗盛教、杨根思、邱少云、黄继光等的勋章、奖章，反映了中国人民志愿军"抗美援朝、保家卫国"的坚强意志和不畏强敌、不怕流血牺牲的革命英雄主义精神。

"功勋武器"篇中的功勋武器，是在革命战争年代或在新中国成立后的革命战争中立过功或有特殊贡献的兵器。这些兵器沐浴着战争的硝烟，经过战火的洗礼，为夺取革命战争的胜利，做出了重要的贡献。其中有经过红军长征带到陕北的山炮、击毙日军中将阿部规秀的迫击炮、"头门山海战英雄艇"、涂着9颗红五星的米格－15歼击机、"人民英雄坦克"215号、"功勋鱼雷快艇"158号等；有我军历史上被称为"第一"的功勋武器，如培养我军第一批飞行员的九九式高级教练机、我军第一辆坦克"功臣号"、开国大典领头战机P－51等；有一些著名将士使用的功勋武器，如叶挺北伐战争时使用的指挥刀、刘志丹刻有"抗日救国"的手枪、冯白驹使用的左轮手枪、优秀狙击手张桃芳使用的步马枪等；还有一些特殊的功勋武器，如琼崖红军自制的荔枝炮、雁翎队使用的"大抬杆"枪、解放军自制的飞雷炮、朝鲜战场的"功勋武器"十字镐等。这些功勋武器，见证着革命战争的历史，其背后都有一些动人的故事。

一件件珍贵文物，见证了中国共产党人的初心和使命，使我们感受到共产党人崇高的思想境界、坚定的理想信念、忘我的精神内涵和不屈的顽强意志。

走近珍贵文物，穿过历史的长廊，于战火硝烟之中，去回顾和见证革命历史，聆听其背后的红色故事，不忘初心、牢记使命，让我们站在新时代的起点上，传承红色基因，谱写明天的辉煌！

姜廷玉

2021年9月

目录

第一篇　英雄旗帜

第二篇　英烈遗物

第三篇　功勋武器

第一篇

英雄旗帜

为了表彰在革命战争中奋勇杀敌、荣立战功或在社会主义革命和建设时期表现突出的先进集体，中央军委或各级领导机关授予一些先进集体荣誉称号和奖旗。这些奖旗，是部队的崇高荣誉，是英雄的旗帜，是战士们用鲜血和生命换来的。它们见证了革命战争年代的硝烟，展现了人民军队的革命英雄主义精神。

中国人民抗日军政大学校旗

　　抗日战争时期，中国共产党创办了中国人民抗日军事政治大学（简称"抗大"）。1936年6月，抗大在陕北瓦窑堡成立，当时叫"中国抗日红军大学"，后迁至保安，于1937年1月迁到延安，改名为"中国人民抗日军事政治大学"。

　　抗大的校旗，旗底为红色，上面有白色、黑色的图案及文字，呈长方形，长1.96米，宽1.3米。旗幅右上方有一个图形标志，在一个用白色线条连成的五星图案上，叠压黑布制作一位背枪骑马奔驰的八路军战士，其上方是抗大校风"团结、紧张、活泼、严肃"八个字，从右至左组成了一个弧形。旗帜左部以白色的字体写有"抗大"两个大字。旗帜下部有三条白色的横向波浪纹。整个旗帜的画面体现了一种为民族解放而英勇奋战的不懈斗争精神。

中国人民抗日军政大学校旗

抗大校旗随着抗大的成立而诞生，又伴随抗大的发展而不断地指引师生们前进，高高地飘扬于华北抗日战场。

抗大成立后，毛泽东亲自担任抗大教育委员会主席，校长是林彪，教育长为罗瑞卿，校务部长为周昆，训练部长为袁国平。毛泽东亲自为抗大制定了"坚定正确的政治方向，艰苦奋斗的工作作风，灵活机动的战略战术"的教育方针和"团结、紧张、严肃、活泼"的校风。抗大在非常艰苦的条件下坚持办学。每当举行开学典礼和毕业典礼的时候，在主席台上都要悬挂抗大校旗激励全体师生。当时，在延安经常要举行各种军民集会。凡是抗大的队伍来参加集会时，总是要在队伍最前面打出耀眼的抗大校旗指引师生们进入会场，成为延安一道特有的风景线。

1939年7月10日，抗大总校以"八路军第五纵队"番号，在司令员兼政委罗瑞卿的率领下，告别延安，向敌后抗日根据地挺进。5000余名抗大师生经陕西、山西、河北3省的25个县，辗转一年多，于1940年11月到达河北邢台县浆水镇，开始敌后建校时期。1941年

中国人民抗日军政大学校门

6月1日，抗大总校在河北邢台南峪村举行纪念建校五周年大会。在会场高耸的旗杆上，飘扬着抗大校旗。朱德总司令特地为大会题词："号召千万青年走上革命战场，高举抗大的旗帜，插遍整个中国。"

中国人民抗日军政大学校歌

1943年1月24日，为最大限度地保存干部，准备进行战略反攻，迎接抗日战争的最后胜利，抗大总校师生重返陕北。1946年2月10日，中国人民抗日军政大学完成历史使命，更名为东北军政大学。

在党中央、中央军委的领导下，在抗大校旗的激励和指引下，抗大办学10年间为民族解放战争培养了10万余名军政干部，为革命事业做出了巨大贡献。这面曾指引抗大学员在民族解放的道路上勤奋学习、英勇作战的校旗，成为全民族抗战时期党领导人民武装的特有旗帜。

"平型关大战突击连"奖旗

"平型关大战突击连"奖旗

　　平型关大捷是抗战时期八路军的首战，也是全民族抗战以来华北地区正面作战的首场胜利。此次战斗中，八路军第一一五师六八五团二营五连因作战勇敢，战绩卓著，战后被授予"平型关大战突击连"奖旗，成为全国首支被授予奖旗的抗战英雄连队。

　　战斗发起前，五连被部署在老爷庙西南至关沟以北高地最前线，担负截击日军先头部队的任务。接到任务后，连长曾宪生、指导员杨俊生在现场召开会议，向各班、排交代战斗任务，布置具体打法。布

平型关大战中缴获的战马等战利品

置任务后,杨俊生进行动员讲话:"平型关之战是我军抗战第一仗,红五连有善打硬仗、打恶仗的传统,一定要打出军威,打掉鬼子的嚣张气焰。我们就是平型关、是长城,不能让敌人从这里前进一步!"

1937年9月25日拂晓,五连官兵早早地隐蔽在伏击地点。8时,日军第五师团第二十一旅团的两个连队,乘坐在百余辆汽车上。车队像一条黄乎乎的长蛇,沿着崎岖的山间小道缓缓前进,逐渐进入伏击圈内。年轻的指战员焦急地等待师指挥所开火的信号。杨俊生稳健沉着地嘱咐:"沉住气,等命令!"在这焦急难忍的时刻,师指挥所发出开火命令,营长曾国华大吼一声"打"!五连指战员先是一阵步枪急射,随之投出雨点般的手榴弹,日军先头开进伏击圈的3辆汽车立刻起火。

与此同时,早已隐蔽待命的第一一五师各部,突然全线开火。霎时,长达十多里的深谷狭道变成了枪炮齐鸣、硝烟弥漫、飞沙走石的火海。日军虽遭到突如其来的打击,但很快重新组织起防御阵形。

八路军所部一阵火力急袭后,连长曾宪生、指导员杨俊生率全连

150 多名战士端着刺刀，跃出战壕，发起冲击。见八路军蜂拥而上，日军纷纷向北转移，妄图抢占 1363 高地和老爷庙高地作支撑点进行顽抗。团指挥所、身处一线的五连连长和指导员几乎同时判明了日军的企图。杨俊生举起驳壳枪，高喊："突击排跟我来，抢占 1363 高地！"曾宪生随即带两个排在敌军身后边追边打，从西侧向高地包抄冲击。团指挥所也向二营等部发出了抢占 1363 高地的命令。各部奋勇冲击。

1363 高地处在伏击线的顶端，是通过平型关的最后一道要塞和屏障。杨俊生带突击排轻装快步，率先占领了高地，居高临下地向敌射击。实施包抄的曾宪生带领两个排在敌军身后猛打，不多时将一队日军击毙在高地山坡上。五连官兵尚未来得及在高地上修筑工事，又有 200 多名日军从东面向高地冲来。五连官兵由拦击转为固守。当鬼子逼近山头时，杨俊生令五班班长带一个战斗小组猛扑下去。一名战士与日军军官扭打在一起，猛力将其推下山崖。五班班长用刺刀猛刺鬼子胸部，刺刀还未拔出，他背后也中了刺刀。

这时，侧翼的连长曾宪生见火力压制不住敌人的冲击，从通信员

"平型关大战突击连"英模部队方队

手中夺过上了刺刀的步枪，高喊："一、三排跟我反击，拼刺刀！"曾宪生端着锋利的刺刀冲入敌群，接连刺死几名敌人。日军迅速集结10多人围攻他。关键时刻，曾宪生拉响了一颗手榴弹，与敌同归于尽。杨俊生此时也顾不上包扎自己流血的伤口，高喊："二排！跟我来，冲下去拼刺刀！"全连杀进敌群。排长牺牲了，班长顶替；班长牺牲了，战士接着指挥。

激烈的厮杀一直持续到黄昏，五连终将进攻高地的敌人全部歼灭，守住了关口。五连以伤亡120余人的代价，在平型关大战中迎头拦截敌人先头部队，消灭日军200余人，炸毁汽车20余辆，缴枪150余支。战后，第三四三旅旅长陈光、政委萧华将绣着"平型关大战突击连"8个大字的奖旗颁发给五连。

杨俊生坚强地支撑着有三处重伤的身躯，郑重地接过八路军抗战取得第一次重大胜利的第一面奖旗，向着平型关战地高高举起，向安息在那里的战友们致敬！

山东人民抗日救国军第三军军旗

山东人民抗日救国军第三军军旗

这面旗帜是山东人民抗日救国军第三军在胶东文登县天福山地区举行武装起义时使用的一面标志性的旗帜。旗呈横长方形，长 1.4 米，宽 0.86 米。旗面为红色布料，左下角缺损。右侧的竖条白布上用标准的楷书写着"山东人民抗日救国军第三军"12 个字。右侧边缘连有白色旗套。看得出，这面红旗经历了战火的考验。

1937 年下半年，日军大举进攻华北、侵入山东。9 月 25 日，毛泽东指出，在山东应普遍地有计划地组织游击队。10 月，中共山东省委在济南召开秘密会议，决定在山东各地组织武装起义，使用"山东人民抗日救国军"或"山东人民抗日游击队"的名称。12 月 24 日，中共胶东特别委员会书记理琪等人在文登县天福山地区领导武装起义，组成山东人民抗日救国军第三军，同时，制作并打出了写有该军番号的军旗。从此，天福山地区的抗日武装和人民群众在这面军旗的指引和鼓舞下，英勇地与日伪军作战，队伍不断发展壮大。

1938 年 1 月，起义部队得到中共领导的威海卫抗日武装的支援，获得 100 余支枪，扩大了队伍。2 月上旬，第三军司令部成立，并沿用这面军旗。2 月 13 日，起义部队夜袭牟平县城，俘获伪县长以下 170 人。3 月，又攻占福山县城，并于莱阳花园头村毙伤日军 75 人。4 月，又将掖县、蓬莱、黄县、莱阳等地的抗日武装纳入编制，全军发展到 7000 余人，并加入了八路军序列。

天福山起义时使用的这面军旗，是胶东人民英勇抗战的标志。后来，它被送进了中国人民革命军事博物馆展出。

"群众工作模范团"奖旗

"群众工作模范团"奖旗

这是 1941 年八路军冀鲁豫军区颁发给第一一五师第三教导旅第九团的"群众工作模范团"奖旗。

"群众工作模范团",即八路军第一一五师第三教导旅第九团。在创建山东泰西、江南抗日根据地时期,该团与当地人民群众同生死、共患难,打开了抗日斗争局面。1939 年 9 月,山东长清县王庄被日军包围,该团立即派出部队掩护群众突围。二连连长万杰三在身负重伤的情况下坚持指挥战斗,当日军扑上来时,他拉响手榴弹,与敌同归于尽。全团纪律严明,秋毫无犯。每逢战斗间隙,干部战士积极开展为群众做好事活动：部队开展每人每天"节约四两米"活动，自己以糠菜、树皮充饥，用节约的粮食支援群众。1941年，该团被八路军冀鲁豫军区领导机关评为"群众工作模范团"，并授予奖旗，成为抗战时期少有的被授予奖旗的团级单位。1946年该团调防时，人民群众热烈欢送，在路旁摆着水和镜子，赞扬部队清如水、明如镜。

"刘老庄连"奖旗

　　1943年春,侵华日军对江苏北部淮海抗日根据地进行大规模的残酷"扫荡"。3月17日,日伪军1000余人,分兵11路合围驻六塘河北岸的淮海区党政领导机关。新四军第三师七旅十九团四连的官兵奋勇阻击各路敌人,成功地掩护了淮海区党政领导机关安全转移。当日,日伪军进行第二次合围,该部与日伪军在淮阳北老张集、朱杜庄一带相遇。激战半日,于黄昏后再次突围,转移至老张集西北的刘老庄地区。18日晨,日伪军进行第三次合围。该部奉命组织防御,全连82人凭借村前交通沟,英勇抗击日伪军的攻击,使主力部队和党政机关安全转移。全连却陷入日伪军重围,虽经数次突围,均未成功,乃决心固守。日伪军集中炮火对四连阵地进行毁灭性炮击,并以大队骑兵实施冲击。四连官兵在强敌面前,坚定沉着,不畏严重伤亡,浴血奋战,连续打退日伪军5次进攻,毙伤日伪军近百人,苦战

"刘老庄连"奖旗

至黄昏。在全连伤亡严重情况下，连长白思才、指导员李云鹏组织剩下的20多人，烧毁文件，掩埋好烈士遗体，奋起突围，终因寡不敌众，全部壮烈牺牲。他们是——连长白思才，指导员李云朋，副连长石学富，排长尉庆忠、蒋员连、刘登甫，文化教员孙尊明，卫生员杨林标……

新四军代军长陈毅撰文表彰："烈士们殉国牺牲之忠勇精神，固可

八十二烈士陵园

"刘老庄连"英模部队方队

以垂式范而励来兹。"

八路军总司令朱德在《八路军新四军的英雄主义》一文中，称刘老庄连为"我军指战员的英雄主义的最高表现"。

战后，第七旅重新组建第四连，命名该连为"刘老庄连"，并赠奖旗一面。

当地人民群众为第四连 82 位烈士举行公葬，修建了"新四军抗战八十二烈士之墓"的墓碑，并选送 82 名优秀子弟补入该连。中华人民共和国成立后，为纪念烈士，当地人民政府在烈士殉难处建立了刘老庄八十二烈士陵园。

"洛阳营"奖旗

华东野战军第三纵队八师二十三团一营勇敢战斗，模范执行城市政策，获得"洛阳营"称号和奖旗。

"洛阳营"奖旗

1948年3月初，中央军委命令以华东野战军陈（士榘）唐（亮）兵团第三、第八纵队，以中原野战军陈（赓）谢（富治）兵团第四、第九纵队共同发起洛阳战役。战役由陈士榘、唐亮统一指挥。3月5日，各参战部队分别向洛阳开进，至9日各路大军逼近洛阳城。陈唐、陈谢两兵团虽以10万重兵围住了洛阳，但在扫清敌外围战斗中还是领略到了攻坚作战的艰难。尤其是在攻击黑石关、九龙台等要点时受挫，使他们感到，要打下坚固设防的洛阳城光靠部队的死打硬拼是不行的，必须周密谋划，才能确保万无一失。因此，经过反复权衡利弊，他们调整确定了攻城部署，其中，华东野战军第三纵队以八师二十三团主攻东门,二十四团为二梯队。

受领任务后,第三纵队八师师长王吉文专门把负责主攻东门、担任第一突击队任务的第二十三团一营营长张明找来,严肃地向他指出:"你们营的战斗作风我信得过,可打洛阳这样的大城市,我们还是头一回。别说你这个新营长,连我们也没有经验,所以,千万马虎不得,一定要深入调查,搞好临战准备工作。"

回到营里,张明立即开展了人人搞调查活动。一方面,他亲自带领各连连长、指导员、突击排长和爆破手,对洛阳东门的敌情、地形进行仔细侦察;另一方面,他动员除警戒人员外的全营所有官兵走访老乡,广泛收集洛阳城防工事的情况,然后进行整理,基本排清了敌人在东门一带的防备情况,并绘编了一幅《洛阳城防图》。接着,全营召开"诸葛亮会",研究战斗方案。大家纷纷献计献策,最终确定了3个连分段包干实施突击的好方法,即由第三连负责打通城外通路,第二连包打瓮城,第一连夺占东门。该方案受到师、团首长的一致好评。

3月11日19时,3颗信号弹腾空而起,攻城各部同时向洛阳的5个城门发起了攻击。

一营从前一天晚上就开始了行动,他们偷偷炸掉了东城外敌方的

越过敌人壕沟工事,向洛阳市内进攻

防御设施，炸开了3道障碍物，从而大大节省了时间。因此，当发起总攻后，一营三连仅用半个小时时间，就扫清了东城外所有障碍，打开了通向城墙的通路，而且创造了全连破障无一人伤亡的战斗奇迹。这对二连突破瓮城是个极大鼓舞。随后，在三连的协助下，二连立即向瓮城发起攻击。二连的炸药包连续爆破，终于将瓮城城门炸开了一个近3米宽的缺口。乘着最后一次爆破的烟雾，二连的突击队在排长宋仓富的率领下立即冲向突破口，占领制高点，掩护后续部队冲进瓮城内。此时瓮城内足有两个连的敌人，他们正疯狂地向突破口进行反扑，企图夺回突破口。关键时刻，三连和配属一营的团特务连赶到，加入战斗，终于将瓮城内的敌人全部歼灭，占领了瓮城。当瓮城激战正酣之时，一连也向东大门发起了攻击。爆破手们经过连续爆破，将敌人视为"铜墙铁壁"的东大门炸成了断墙残壁。一连突击队立即顶着硝烟往里冲。战至12日零时40分，第一营率先攻占了洛阳东大门，为全线攻城部队开辟了第一条通路，也是当时唯一的突破口。

敌人几个营的兵力，在装甲车的引导下，在炮火的掩护下，向东门实施集团波浪式冲锋。一时间，整个东门阵地乱石横飞，硝烟弥漫。英勇顽强的一营指战员在营长张明

华东野战军司令部、政治部向一营授"洛阳营"奖旗

19

的指挥下，以不惜牺牲一切的大无畏精神，顶住了敌人几十次的疯狂进攻，牢牢地守住了东门突破口。后来，第三纵队主力全部改由东门突入城内，与敌展开激烈的巷战。

12日下午，第四纵队十旅也突破西门，突入城内。第三、第四纵队分别从东、西两线携手作战，对敌进行分割包围。洛阳守敌大部被歼。守军国民党军师长邱行湘率残部5000余人退守长、宽均不足100米的核心阵地内，继续依托坚固工事，企图死守待援。至15日，敌核心阵地被攻克，国民党军师长邱行湘被活捉。

至此，洛阳守敌被全歼，战役胜利结束。在洛阳战役中，华东野战军第三纵队八师二十三团一营在营长张明的指挥下，机智果敢，从全军5个突破点中率先突破，攻入城内，对取得整个战役的胜利起了重大作用。战后，华东野战军党委授予该营"洛阳营"的光荣称号，营长张明也被授予"特等甲级战斗英雄"荣誉称号。

"潍县团"奖旗

1948年，华东野战军第九纵队七十九团在潍县战役中，首先突破城防，对攻克号称"固若金汤"的潍县、全歼国民党军整编第四十五师起了重要作用，战后被华东野战军授予"潍县团"称号。

华东军区授予七十九团"潍县团"光荣称号后，团领导在奖旗前合影

潍县战斗，是解放战争时期我军在华东战场上的第一个攻坚战。

1948年4月23日黄昏，攻城战斗从南北两面同时打响。城北，担任主攻任务的第九纵队在接近城墙地带受阻。24日零时21分始，第九纵队二十七师七十九团八连、四连同时发起强攻。

八连官兵率先炸开缺口，担任突击任务的一、二排高举"把胜利红旗插上潍县城头"红旗，在副连长曲月平的率领下朝突破口猛冲，迅速登上城头，占领突破口，把红旗插在城头上。位于西侧的四连，在二营教导员张中言带领下，也爆破成功，登上城头，插上红旗。

国民党军见城墙被突破，立即以猛烈的炮火封锁突破口，导致后续部队不能沿突破口入城。登城的八连、四连及后续登城的五连、九连迅速由进攻转为防御，坚守突破口。入夜，五连突入城内，吸引反扑敌军。24日晨，敌军出动飞机向突破口实施轰炸。危急时刻，七十九团团长彭辉、政委陶庸亲临一线，参谋长丁亚站在突破口上直接指挥战斗。经过长达13个小时的苦战，七十九团官兵终于坚持到后续部队登上城头。至24日晚，潍县西城宣告解放。27日12时，东城战斗结束，潍县城宣告攻克。

战斗结束后，中共中央华东局、华东野战军首长高度评价七十九团：给予垂死挣扎的敌军沉重的打击，迫使守敌丧失顽抗信心、濒于崩溃，奠定全歼敌人的基础，对整个战役做出了重要贡献。

5月8日，中共中央华东局、华东军区召开祝捷大会，庆祝潍县战役的胜利，表彰各参战部队的战绩，授予七十九团"潍县团"光荣称号，授予七十九团八连"潍县战斗英雄连"，授予四连、五连、七连为"潍县战斗模范连"。

潍县战斗后，"潍县团"指战员在总结攻城经验并演练

"光荣的临汾旅"奖旗

"临汾旅", 1937 年在山西长治以 10 支抗日游击队为基础组成, 最初番号为山西青年抗敌决死队第三纵队。1945 年 12 月, 部队改番号为晋冀鲁豫野战军第八纵队第二十三旅。

"临汾旅"阵容

1948 年 3 月 7 日, 临汾战役发起后, 第二十三旅一举攻克东关外城, 逼近内城。4 月 15 日, 前线指挥部决定以坑道爆破为主要进攻手段。第二十三旅接受任务后, 以地面攻击配合坑道挖掘。经过地面和地下的反复争夺, 于 5 月 16 日挖成两条各 110 余米长的坑道, 直达城墙底部。5 月 17 日 19 时 50 分实施爆破, 东城城墙被炸开两处各 50 余米宽的豁口。第二十三旅突击队乘着爆炸的硝烟发起攻击, 率先攻入城内, 对取得战役的胜利起了决定性作用。

战后, 华北军区副司令员徐向前等请示中央军委、中共中央华北局、华北军区政治部, 建议授予第八纵队第二十三旅"临汾旅"奖旗。

徐向前（右）检阅"临汾旅"

徐向前（后中）将绣有"光荣的临汾旅"的奖旗授予第二十三旅

请示授廿三旅为临汾旅

军委、华北局、军区政治部：

临汾战役中，曾号召部队为打下临汾而奋斗，争取光荣的临汾旅的旗帜，战后经各部队民主评定，一致认为八纵队廿三旅担任攻关攻城主攻，战功最著，决将临汾旅的旗帜授予该旅，特此呈报，是否妥当，请示复。

徐、周、任

经中央军委、华北局、军区政治部批准后，1948 年 6 月 4 日，第八纵队在山西洪洞县中学操场举行隆重的庆功会。

华北军区副司令员徐向前亲手将一面绣有"光荣的临汾旅"的奖旗授予二十三旅旅长黄定基。接过旗帜后，黄定基和政委萧新春登上刚刚缴获的卡车，护卫奖旗，在乐队伴奏下乘车绕场一周。全纵队指战员和参加会议的群众热烈欢呼，掌声如潮。

"济南第一团"奖旗

1948 年 9 月 23 日，总攻济南内城开始，华东野战军第九纵队二十五师七十三团担任主攻任务。决战前夕，第九纵队司令员聂凤智将山东人民送给华东野战军的绣有"打进济南府，活捉王耀武"10 个金字的红旗授予第七十三团。这对第七十三团而言是个巨大鼓舞，全团上下决心把红旗插在济南最高点。

解放军突破济南城垣

9 月 23 日 18 时，第七十三团高举红旗，在强大炮火掩护下，向济南内城东南角实施突击。他们经过连续 3 次突击爆破，终于突破济南内城东南角，登上了内城城墙，占领了一段长约 30 米、宽约 10 米的城头阵地。但是，由于护城河上的浮桥被敌炮火炸断，突破口又被敌人封闭，后续部队无法及时跟进，而已登上城墙的第七十三团的部队又遭到数倍敌人的疯狂反扑。最后，先遣部队终因后援断绝、弹药耗尽而全部壮烈牺牲。

第一次攻击受挫后，攻城部队及时调整兵力，周密组织炮火、爆破、突击以及后续部队跟进的协同，并将炮火、炸药集中用于主要突击方向。第七十三团也重新选择了突破口。他们经过仔细观察，决定选择济南城东南角一处地势较高、敌军守备力量较强的气象台作为突破口。

9 月 24 日凌晨 1 时 30 分，攻城部队再次向内城发起全线攻击。第七十三团首先由三营七连对气象台实施攻击。他们在我军强大炮火的掩护下，扛着"打进济南府、

"济南第一团"奖旗

活捉王耀武"红旗，似猛虎直扑城墙，把 300 多斤重的云梯高高竖起。班长李永江冒着如林的弹雨，飞身跃上云梯，快速向上爬去，眨眼间便跃上了城头，用手榴弹和冲锋枪将 20 多个敌人逼进了一间屋内，迫其缴械投降，控制了突破点。紧随七连之后，团部和二营以及三营八连、九连也全部登上城头，参加巩固突破口的战斗。由于该突破口关乎整个济南的安危，因此，防守东城的敌人整营整团地拼死向突破口反击，并集中炮火猛轰突破口。一时间，几十米的城头炮声隆隆，弹

雨倾泻，战斗异常激烈。经过一个多小时的激战，第七十三团的勇士们终于顶住了敌人炮火的狂轰滥炸和一次次的疯狂反扑，巩固了突破口，攻占了气象台。当城头上激战正酣时，突然，一声惊天巨响，高大的城墙又被炸开了一个巨大的豁口，乘着弥漫的硝烟，第九纵队七十五团、七十六团、八十三团、八十四团等攻城部队潮水般地从豁口涌进内城，与守城敌军展开了激烈的巷战。原来是七十三团特务连趁敌人的注意力全部集中在突破口的争夺上时，悄悄地迫近城墙，挖开一条巷道，一下装进了300多公斤炸药，并成功引爆。

身负重伤的第七十三团七连指导员彭超忍着巨大伤痛，对身边的小战士宋炳科说："同志们正在追杀敌人，胜利离我们不远了，快去把那面山东人民送的红旗插到气象台上去！"宋炳科一个纵身，跃上气象台的断墙，把红旗高高地插上了气象台。

率先攻入城内的第七十三团于24日下午攻至国民党山东省政府大楼前，消灭了一股反抗的顽敌，冲进国民党山东省政府王耀武的地下指挥部，准备捉拿王耀武。可是，自知败局已定的王耀武于当日上午经化装后混在人群中逃出了城。两天后，王耀武在寿光县被俘。

9月24日17时15分，攻城部队于大明湖畔胜利会师，济南宣告解放。入城后，第七十三团恪守城市政策和纪律，秋毫无犯。七连机枪手小于的裤子和鞋被战火烧烂，坚持不动老乡的一件衣物。特务连六班挖防炮洞时，挖出老乡埋藏的197块银圆，千方百计找到物主，如数交还。

战后，中央军委发布嘉奖令，授予在济南战役中率先突破敌人防线，攻入城内，为解放济南、全歼守敌建立特殊功勋的华东野战军第九纵队二十五师七十三团"济南第一团"光荣称号，该团三营七连被纵队授予"济南英雄连"称号。

"白老虎连"的"死打硬拼"奖旗

"白老虎连"即东北野战军第二十五师七十四团一营一连。

辽沈战役中，一连于 1948 年 9 月 25 日清晨，奉命穿插到锦北国民党军纵深的白老虎屯，堵击南逃北援之敌。

在 15 个小时的激战中，一连在连长陈学良、指导员田广文的指挥下，顶住敌人数营兵力的 15 次轮番进攻，最后坚守于村西北的一所结构坚固、地形较好的独立院内。全连仅剩 37 人，其中 20 多人负伤。田广文带头砸碎手表，烧毁文件、钞票，带领大家高唱《光荣的朱德

"白老虎连"的"死打硬拼"奖旗

投弹手》。当日晚7时左右，敌人的进攻渐渐减弱。借着夜幕，光荣完成阻击任务的一连胜利撤离白老虎屯。

白老虎屯战出了一只真正的"老虎"！战后，一连荣获"白老虎连"荣誉称号和"死打硬拼"奖旗。该连37名同志被授予"白老虎屯三十七勇士"的光荣称号。

《东北日报》关于"白老虎连"事迹的报道

此战前1个多月，该连在刚刚结束的新式整军运动中，因表现突出，且在全师大比武中成绩优异，被师机关授予"战术与技术相结合"奖旗。

1949年8月，东北野战军特种兵部队政委、中国青年代表团团长萧华在布达佩斯召开的世界民主青年代表大会上，介绍了"白老虎连"的英雄事迹。从此，"白老虎连"名传海内外。

"塔山英雄团"奖旗

　　1948 年秋，国民党军在人民解放军的沉重打击下，将东北地区的全部军队分别收缩在长春、沈阳、锦州等地，实行"重点防御"。东北野战军根据中共中央军委主席毛泽东关于封闭国民党军在东北加以各个歼灭的方针和以主力首先攻克锦州就地全歼国民党军的指示，于 9 月 12 日发起辽沈战役。蒋介石为解锦州之危，飞抵沈阳，坐镇葫芦岛，以 11 个正规师组成"东进兵团"，救援锦州，并将主要突击方向选在塔山。东北野战军第四纵队以 3 个步兵师和 1 个炮兵团于塔山、虹螺山一线布防阻击，第三十四团奉命扼守塔山堡等主要阵地。塔山一带地势平坦低洼，国民党军"东进兵团"抢先在塔山以南高地修筑坚固工事，使第四纵队阵地全部处于其火力控制之下。

　　10 月 10 日开始，国民党军"东进兵团"每天集中 3—5 个师的兵力，在飞机和军舰的炮火支援下，向塔山轮番攻击。第三十四团官兵

在塔山阻击战中，第三十四团战士向敌人发起冲击

凭借临时构筑的土木工事，发扬"人在阵地在""誓与阵地共存亡"的革命英雄主义精神和英勇顽强的战斗作风，同仇敌忾，前仆后继，与国民党军展开反复争夺。工事一次次被摧毁，又一次次被修复。前沿堑壕得而复失，失而短得。有的连队伤亡大半，仍以一当十坚持战斗，子弹、手榴弹打光后，用石块还击，直至进行肉搏。

宣传员们将上级颁发的"塔山英雄团"奖旗送上火线

经 6 个昼夜的激战，第三十四团在兄弟部队配合下，先后打退国民党军几十次冲锋，守住了阵地。此战，东北野战军阻援部队使国民党军"东进兵团"在塔山阵地前沿丢弃 6600 多具尸体和大批武器，于 10 月 15 日 12 时全线溃退。塔山阻击战的胜利对保障攻打锦州部队的侧后安全，夺取锦州，进而取得辽沈战役的全胜起到了重大作用。同年 10 月 25 日，中国人民解放军东北野战军第四纵队领导机关授予第三十四团"塔山英雄团"荣誉称号。

"南京路上好八连"奖旗

1949 年 5 月 27 日是个不平凡的日子，因为这一天，当时中国最大的城市上海，经过中国人民解放军第三野战军 16 个昼夜的艰苦奋战，终于获得了解放。

随着硝烟的散去，第三野战军司令员兼政委陈毅坐着吉普车进入市区。他看见道路两旁一幢幢高楼大厦完整无损地回到人民手中，尤其是繁华的市中心南京路、淮海路和上海外滩没有留下战争的痕迹，十分兴奋。但是，他还有一件事放不下心，那就是部队入城后的纪律。他担心如果纪律不严明，将给解放军带来不良影响。因此，当陈毅经过第九兵团司令部时，见到兵团司令员宋时轮的第一句话就是："部队纪律怎么样？"宋时轮用手指着睡在马路上的部队官兵，十分自豪地说："不用我汇报了吧，你看看他们就明白了。"

绵绵细雨中，战士们抱着枪睡在了马路上，被战火熏黑的脸上，挂着极度的疲乏。司令员宋时轮和兵团司令部也同样没有搬进市民家中，只是在弄堂口用雨布撑起了一个小小的棚子。许多市民争相送来热水热饭，战士们都摇手谢绝。陈毅目睹这一切，轻轻地松了一口气，说："这是你们给上海人民最好的见面礼！"

中国人民解放军在上海十里洋场露宿街头的照片，很快出现在香港、纽约、伦敦等地的报纸上。在很多国家，睡马路的只有沿街乞讨的穷人，攻占了大城市的胜利之师却睡马路，旷世未有，前所未闻。连当时销路最广、财大气粗的美国《生活》杂志，也刊登了人民解放军露宿街头的照片，并附加了特别说明词："共产党军队睡马路等各项消息，指出了一个历史事实，即国民党的时代已结束了，蒋介石不会再回来了。"

其实，当第三野战军渡过长江，向上海逼近时，毛泽东就主张推迟解放上海，这不是因为解放军没有这个实力，而是他一再强调军队定要做好充分的精神准备和组织准备才能进上海。他认为，部队从农村进入城市，并非一个简单的区域迁移问题，要使昨天还在浴血奋战的军人，突然间脱下军装，穿上便衣，走进大上海，搞得不好是要出洋相、出纰漏的。因此，毛泽东郑重其事地对陈毅说："上海在国际上有很大的影响，一有风吹草动，就会引起世界关注。所以，我们进上海是中国革命过程中的又一道难关。"

担负解放上海和管理上海重任的陈毅，双管齐下，一手抓部队备战，一手抓接管上海的准备工作。5月4日，陈毅在江苏丹阳主持召开了部队团以上干部大会。在会上，他向大家提出进上海务必要做到"七要"：一要认真学习毛主席、朱总司令规定的约法章程；二要艰苦演练；三要发扬军事民主；四要虚心谨慎；五要遵守入城纪律；六要注意外交；七要确立建设新中国的理想。他特别告诫大家，要多学习政策纪律，良好的部队纪律才是给上海人民最好的见面礼。会后，陈毅首先想到的就是将"不入民宅"写进入城守则中，规定部队进上海后，在找到营房前一律睡马路，并将此作为一条铁的纪律，要求部队务必执行。当毛泽东看到这个报告后，挥笔重重地写下了"很好！很好！很好！很好！"8个字。

经过严格的教育和整训，第三野战军某部八连以崭新的风貌踏入上海，进驻上海最繁华的街道之一南京路，担负警卫和巡逻任务。面对形形色色的诱惑和复杂的社会情况，全连官兵始终牢记毛泽东关于"务必使同志们继续地保持谦虚、谨慎、不骄、不躁的作风，务必使同志们继续地保持艰苦奋斗的作风"的教导，保持人民军队的本色，自觉抵制资产阶级腐朽思想及其生活方式的侵蚀，身居闹市，一尘不染，

睡在马路上的解放军官兵

赢得了人民的广泛赞誉。

　　八连官兵进入上海后，脚蹬草鞋活跃在灯红酒绿的南京路上。他们克勤克俭，从节约一寸布、一粒米、一度电、一滴水、一分钱做起，始终保持和发扬人民军队艰苦奋斗的优良传统；他们热爱人民，尊重群众，助人为乐，始终牢记全心全意为人民服务的宗旨。他们的感人事迹，名震"十里洋场"的大上海。一部以八连为原型的电影《霓虹灯下的哨兵》风靡全国。1963 年 4 月 25 日，中华人民共和国国防部将"南京路上好八连"光荣称号和奖旗授予他们。

　　8 月 1 日，毛泽东赋诗《杂言诗·八连颂》，称赞："好八连，天下传。为什么？意志坚。为人民，几十年。拒腐蚀，永不沾。因此叫，

许世友同志（前左）将国防部的奖旗授予八连

好八连。解放军，要学习。全军民，要自立。不怕压，不怕迫。不怕刀，不怕戟。不怕鬼，不怕魅。不怕帝，不怕贼。奇儿女，如松柏。上参天，傲霜雪。纪律好，如坚壁。军事好，如霹雳。政治好，称第一。思想好，能分析。分析好，大有益。益在哪？团结力。军民团结如一人，试看天下谁能敌。"

周恩来为八连题词并接见该连代表。朱德、陈云、邓小平、陈毅等都为八连题词。随即，全国全军广泛持久地开展了学习"南京路上好八连"活动。

从上海解放，八连进驻南京路，历经了几十年风雨岁月。在市场经济大潮中，置身于霓虹灯下的八连官兵一如既往，视驻地为故乡，把人民当父母，真诚奉献。八连官兵热爱上海这片热土，始终不忘"为人民，几十年"的教诲，把奉献社会、服务人民作为自己义不容辞的职责。在上海人民心中，好八连精神是城市精神的重要部分，是城市精神的缩影和象征，它不但展示了人民军队的良好形象，还体现了上海这座城市的良好形象。

"碾庄战斗模范连"奖旗

淮海战役中，华东野战军第九纵队二十七军七十九师二三六团一营二连荣获的"碾庄战斗模范连"奖旗，现陈列于中国人民革命军事博物馆解放战争馆。

华野第九纵队二十七军七十九师二三六团一营二连是 1945 年 12 月以山东莱芜独立营三连为基础组建的。淮海战役中，全连机智灵活，变佯攻为主攻，不顾天寒水冷，涉水偷渡 10 米宽的壕沟，突破土围子，连续打垮国民党军的多次猛烈反扑，巩固扩大了突破口，

"碾庄战斗模范连"奖旗

使后续部队迅速进入庄内，与国民党守军展开巷战，为全歼国民党黄百韬兵团做出了重要贡献。

战后二连荣立集体一等功。1950 年 6 月，第三野战军第九兵团授予该连"碾庄战斗模范连"奖旗。

"黄草岭英雄连"奖旗

志愿军部队领导机关授予的
"黄草岭英雄连"奖旗

这是志愿军第四十二军司令部、政治部奖给一二四师三七○团二营四连的旗帜——"黄草岭英雄连"锦旗。（志愿军第四十二军是部队番号，志愿军二四部是第四十二军对外的代号）

1950 年 10 月 25 日，志愿军第四十二军为配合西线作战，打破美军和南朝鲜军迂回江界、包抄朝鲜人民军的企图，迅速向东线开进。该军先头营乘汽车抢先占领了黄草岭要点。而后，第一二四师进入黄草岭，其第三七○团二营四连受命守卫796.5 阵地。黄草岭地处长津湖以南约 20 公里，是山关要道，为兵家必争之战略要地。796.5 阵地居高临下，俯瞰公路，是黄草岭的南大门，也是志愿军的前沿阵地，更是美军和南朝鲜军前进和后撤的咽喉所在。

四连到达阵地后，抢时间构筑工事。不久，敌人发起了凶猛的进攻。15 架飞机疯狂轰炸 100 分钟，轻、重型炸弹及汽油桶等骤雨般地倾泻而下，随后是连续 40 分钟的炮击，四连阵地上飞沙走石，烟雾腾腾。战士们沉着应战，当敌人杂乱的脚步声从烟雾中传来的时候，轻重机枪一齐开火，组成了一道火墙，百余名敌人被压在了阵地前沿。

志愿军在黄草岭抗击敌人的进攻

四连阵地曾 3 次被突破，但四连的战士 3 次都打退了敌人的进攻。当南朝鲜军第 4 次突破阵地时，四连指战员与之展开了白刃格斗，再次夺回了阵地。接着，敌人以强大的炮火作掩护，从三面同时向四连发起了集团性的连续冲击。终因敌众我寡，阵地再一次被突破，突破口正是四连连长、指导员指挥战斗的位置。连长眼冒怒火，夺过身边战士手里的机枪，傲然地站立在工事里，扫射打死一片冲上来的敌军。突然，连长左臂中弹，机枪落地。一个敌人的刺刀向连长胸部刺来，霎时，只听"当"的一声，刺刀被冲上来的通讯员举枪挑飞，另一个

"黄草岭英雄连"指战员在战地合影

敌人又扑上来，眼疾手快的司号员搬起石头砸了过去，连长趁机抽出手榴弹，投向敌群，"轰"的一声炸响，眼前的一片敌人倒下了。连长带领四连边打边退到乱石后，形成了新的防线。两天的战斗中，四连打退敌军 20 次进攻，并适时组织反击，以伤亡 50 多人的代价，毙伤敌军 250 多人。

战后，志愿军部队领导机关授予第三七○团二营四连"黄草岭英雄连"的称号，并授予该连这面用官兵鲜血染红的奖旗。

"新兴里战斗模范连" 奖旗

这面 "新兴里战斗模范连" 奖旗，绿底白边，下镶穗带，以白布剪裁，缝绣着如下的字："奖给二八〇支队五三九大队第四连，抗美援朝新兴里战斗模范连，中国人民志愿军四七部司令部。"（二八〇支队五三九大队第四连，即八十师二三九团四连；四七部司令部即二十七军的对外代号）

1950 年 11 月 27 日，东线美军进占长津湖附近地区。志愿军第九兵团抓住美军兵力分散的时机发起反击。担任进攻新兴里美军的是志愿军第二十七军八十师。受领任务后，为查明敌情，保障师指挥部和后勤部的安全，并力求在前进中歼敌一部，以迎接主力渡江，师部特命第二三九团四连沿铁路及其以南山地，由东向西搜索前进，实施渗透。四连受领任务后，于当日 16 时，从丰流里开进。不久，四连发现丰流里江南岸及以东山区一带有数处明火，据此估计 1100、1200 高地可能为新兴里美军的前沿阵地。24 时，四连到达 1200 高地山脚小铁桥附近，连长即令八班沿山麓向 1100 高地搜索前进，查明情况，令二排副排长率四班控制该高地。28 日 1 时 40 分，指导员带领一排摸黑进至 1100 高地山嘴，随即令一排排长率三班控制该地，一、二班沿铁路继续摸索前进。一班利用铁路左侧树林的掩护，搜索发现并活捉美军哨

"新兴里战斗模范连" 奖旗

兵1名。2时许，又发现前面山洼部有两个帐篷，即以大胆灵活的动作，迅速消灭帐篷内的美军。此后，一班继续搜索，再次击毙3名美军。在战斗中，指导员不幸牺牲。

2时15分，连长率二、三排迅速越过山嘴，发现前面有一处灯火通明的独立房屋，周围有数名美军哨兵及几辆车，附近不远处还有3间独立房屋，警戒相对较少，灯光不强。连长据此判断，眼前的独立房屋至少是营级或更高的指挥部，于是指挥集中机枪手，占领有利位置，负责火力压制与掩护，并指挥五、六班分别从左、右两侧迂回包抄，向美军发起突然攻击。

原来，这里便是美军第三十一团团部及警卫连所在地。当枪声响起时，大部分美军还在睡梦中，他们无论如何也没有想到志愿军会出现，更来不及抵抗，只有抱头鼠窜。在志愿军的勇猛攻击下，美军第三十一团团部及其警卫连被打得七零八落，大部被歼，包括团长在内的几名指挥官都被击毙。

当连长带领战士冲进那座刚刚还灯火通明的房屋时，才知道原来他们端掉的是一个美军团部！一面完好无损的团旗还挂在墙上，3部大功率电台摆放在屋子的一边。连长和战士们没有想到，会在战斗开始后不久，便先端掉美军的团部！

乘美军混乱之际，连长指挥部队直插美军榴弹炮阵地，将美军大部歼灭。至28日5时许，随后跟进的第二三八团一部已进至1100高地东侧。至此，预定任务已经达成，四连奉命撤出战斗。此次穿插作战，第二三九团四连以伤54名、亡13名的代价，毙伤美军300余人，俘9人，缴获电台3部，榴弹炮12门，美军第三十一团团旗1面。

战后，为了表彰该连的英勇作战精神，第二十七军授予该连"新兴里战斗模范连"奖旗。这次奇袭美军第三十一团团部缴获的"团旗"，随同"新兴里战斗模范连"奖旗一起，被中国人民革命军事博物馆收藏。

"白云山团"奖旗

抗美援朝战争期间，志愿军第五十军四四七团坚守白云山，打退美军一次次进攻，歼敌1400余人，荣获"白云山团"荣誉称号和奖旗。

1951年1月25日，抗美援朝第四次战役打响后，志愿军第五十军四四七团奉命在朝鲜水原以北白云山至东远里地区正面约9公里、纵深约6公里地域组织防御。

白云山位于朝鲜汉江南岸，左翼为光教山，右翼为帽落山，控制从水原通往汉城的铁路及两条公路。1月25日，美军第二十五师先头部队进占水原，与四四七团形成对峙。

1月27日2时10分，志愿军四四七团三营一部夜袭水原，毙伤俘美军60余名，打乱美军对白云山的进攻布置。

"白云山团"奖旗

28日拂晓，美军1个营在5辆坦克配合下准备向二营防守的兄弟峰发起进攻。四四七团以一部兵力沿途伏击，遏止了美军的第一次进攻。29日晨始，美军在强大火力支援下对二营据守的兄弟峰展开反复冲锋。阵地上，工事轰塌埋平，弹坑累累。31日午夜，为保存有生力量，二营主动撤离兄弟峰阵地。

2月1日拂晓，美军进攻白云寺、光教山等地。因美军火力强大，双方兵力悬殊，阵地先后失守。当日下午和午夜，四四七团调整部署，收复阵地。2日，志愿军在光教山阵地同样是白天打击美军有生力量后，主动撤离，晚上再次夺回。3日，美军不惜血本，向光教山、白云山进行扫荡式轰击，继以重兵发动猛烈进攻，战况相当惨烈，志愿军伤亡过重，弹药耗尽。但顽强的四四七团仍以灵活战术坚守白云山阵地，一次次打退美军进攻。

战至5日晚，四四七团胜利完成百般艰难的阻击任务，奉命撤出白云山阵地。据志愿军政治部主任杜平回忆：坚守白云山记大功的二营长孙德功，刚走下战场，就跌倒在地，不省人事。

白云山阻击战，四四七团与美军第二十五师激战11个昼夜，顶住敌两个团的轮番进攻，以344人伤亡的代价，毙伤俘美军1400余人，胜利完成阻击任务，为主力部队争取了宝贵的时间。战后，美军俘虏说："你们飞机大炮都不怕，提几个手榴弹就往前冲，越打越多。前面拦，后面堵，这种打法古今少有，你们是打仗的专家。"

为表彰四四七团的作战精神，第五十军经志愿军总部批准，授予该团"白云山团"奖旗。

四四七团坚守白云山阵地，抗击敌人进攻

布满 216 个弹孔的红旗

布满216个弹孔已经褪色的红旗

在中国人民革命军事博物馆的抗美援朝战争馆里，有一面不同寻常的红旗格外引人注目。这面红旗长 1.12 米，宽 1 米，旗幅上弹痕累累，颜色已褪为土黄色。在旗的旁边，有一幅照片，照片上硝烟冲天，志愿军第六十八军的战士们正冲向 522.1 高地。正是在这场战斗中，旗手张世秀在枪林弹雨中把红旗直插在 522.1 高地以东的无名高地主峰上！

张世秀，湖北宜昌人。1951 年 2 月随部队入朝，任志愿军第六十八军第二〇三师第六〇七团六连副班长。

1953 年 7 月，志愿军发起金城战役。张世秀所在六连的攻击目标是 522.1 高地以东的无名高地。

战斗发起前，六连党支部决定由一排担任主攻，把红旗插上主峰。任务一明确，大家层层围住排长，争当红旗手。聪明的张世秀直接跑到连部，向连长递交了血书，拍着胸脯说："共产党员是要打头阵的。我坚决要求参加突击队，当好举旗手，誓死把红旗插上主峰！"

张世秀就这样成为光荣的突击队组长兼红旗手。张世秀知道旗手肩负的重任，更知道战斗的残酷。为确保红旗胜利插上主峰，他指定了在自己受伤或牺牲后接任的旗手。

7 月 13 日傍晚，军宣传队代表军首长把一面鲜红的红旗授予突击队。张世秀庄严地向红旗行军礼，并接过红旗。他代表全体队员宣誓："一定要把红旗牢牢地插在无名高地的主峰上！"

战斗打响了！

张世秀指挥突击队冲在最前面。在连续突破敌人 3 道铁丝网后，他拔出了插在腰上的红旗，高举着红旗奋力向主峰冲击。红旗在灰秃秃的山冈上、在浓浓的硝烟间格外耀眼，成为南朝鲜军打击的重点。

在金城反击战中，志愿军冲向主峰

子弹压得突击队员抬不起头。战友们互相掩护着，冲到一道土坎下，眼前立刻出现了一道火力墙。怎么办？时间紧迫，张世秀果断地对大家说："为了胜利，总得有人冲上去。"说完，他把红旗收好，带着 2 名战士向土坎上匍匐前进。刚爬上土坎，他就负伤了，2 名战士也摔到坎下。张世秀不顾伤痛，继续向前。一排子弹打来，他再次负伤。

张世秀忍着伤痛把红旗展开，艰难地匍匐前进，让鲜艳的红旗吸引敌人的火力。当后续部队快接近他时，张世秀因伤重、躲避迟缓第三次负伤，随即昏了过去。

张世秀被枪声震醒了！此时，他的双腿已被炸断，无法站立。在顽强意志的支撑下，他毅然抓紧旗杆，两眼直瞪前方，忍着巨大的疼痛艰难地向前爬行。鲜血透过军衣染红了他爬过的土地。敌人的火力向着飘扬的红旗不停地射击，六连的战友们趁势从敌人火力间隙冲了上去！

山顶上终于响起了胜利的军号声。张世秀也以惊人的毅力爬到了山顶。在战友们的欢呼声中，望着满是弹孔、随风飘动的红旗，张世秀的脸上露出了欣慰的笑容。慢慢地，他合上了双眼。但那面弹痕累累的红旗却死死地握在他手中，稳稳地矗立在主峰上。

战斗结束后，志愿军领导机关为张世秀追记特等功，授予他"二级战斗英雄"称号。所在部队专门把这面红旗收藏起来，后转送中国人民革命军事博物馆收藏。这幅仅 1 平方米见方的红旗上，竟有 216 个焦黑的弹孔！

插向一江山岛主峰的红旗

在中国人民革命军事博物馆里珍藏着一面长 2 米、宽 1.1 米，饰有黄边、黄飘带的红旗，旗面上弹痕累累。它就是曾被中国人民解放军在解放一江山岛时插上最高峰——203 高地的那面红旗。

插上一江山岛主峰的红旗

一江山岛登陆作战是人民解放军第一次进行的陆、海、空三军联合作战。

一江山岛位于浙江台州湾外，面积约 1.4 平方公里。岛上光山秃岭，有 203、190、160、180 四个高地，共有国民党守军 1100 多人。

为解放一江山岛，中央军委决心集中陆、海、空三军进行联合作战。

1955 年 1 月 17 日晚，参战主力部队之一第一七八团举行誓师大会。会上，团政委杨明德指着一面红旗说，一定要把红旗插上一江山岛的最高峰——203 高地。

1 月 18 日 8 时，解放军空军开始实施火力准备。9 时，支援炮兵实施火力准备。12 时许，解放军登陆部队乘登陆艇分成 3 路向一江山岛冲锋。

14 时 10 分，登陆部队第一梯队在大茶花礁一线完成战斗准备，全速向登陆地段冲进。

在炮兵群的支援下，第一七八团第二营五连在营长孙涌、连长毛坤浩指挥下抓住有利时机，首先在乐清礁登陆成功。登陆后，五连官兵趁着弥漫的硝烟，很快抢占了 203 高地的前沿——了望村。

按计划，随五连指挥作战的孙涌在攻占了望村后，应回到营指挥部，并领受红旗，待所部六连、七连上来后，会攻 203 主峰。但孙涌考虑到自己此时下去会影响五连的战斗情绪，于是通过电话请示副团长毛张苗把红旗送上来，现地受领！

很快，营教导员平涛把红旗送了上来！营长孙涌伴着战火，把红旗授给了已负轻伤的五连连长毛坤浩。毛坤浩表示，一定把红旗插上 203 高地。

五连占领了了望村后，在继续向前攻占第一道堑壕时，遭遇敌人抵抗。此时，我海军护卫艇及时予以火力支援。战士们趁机穿过交通壕登上陡峭的山脊，向上猛攻。高举红旗的五连长毛坤浩冲在了最前面。战士们见红旗直上主峰，都跟着边冲边喊："红旗上去了！快冲啊！""同志们，冲啊！"

官兵们的响亮口号犹如雷鸣！一面鲜艳的旗帜给全体官兵带来了无尽的勇气，使国民党守军闻风丧胆。

官兵们越战越勇，护卫着红旗冲向主峰。当红旗快接近主峰时，迎面而来的子弹如暴雨般更加猛烈了。突然，高举红旗的毛坤浩连长因负伤倒下了！

无论如何也不能让红旗倒下！

五连通讯员陈寿南迅速接过红旗。他一会儿扑倒在地，一会儿跳跃前进，躲避敌人的射击。15时5分，陈寿南终于把红旗插上了一江山岛的主峰——203高地。

当五连官兵护卫红旗冲向203高地时，战地摄影师牟森在山脚处用摄像机记录了这一切，留下了宝贵的历史影像资料。

至19日2时前，一江山岛回到了人民解放军的手中。

人民解放军攻占一江山岛

是役，解放军陆、海、空三军首次联合渡海登陆作战，充分显示了我三军进行现代化联合作战的能力，取得了岛屿联合登陆作战的宝贵经验。此后，那面直插203高地的红旗被送往中国人民革命军事博物馆，作为一级文物被珍藏起来。

第二篇

英烈遗物

在革命战争中，成千上万的革命将士为了民族的独立和人民的解放，出生入死，浴血奋战，英勇牺牲；在敌人的监狱中、刑场上，忠贞不屈，视死如归，英勇就义。英烈们留下了许多遗物，这些遗物都是珍贵的历史文物，它们从不同侧面见证了革命战争的历史，折射出英烈们伟大的爱国主义和革命英雄主义精神。

两广省委军委书记李硕勋写给爱人的遗书

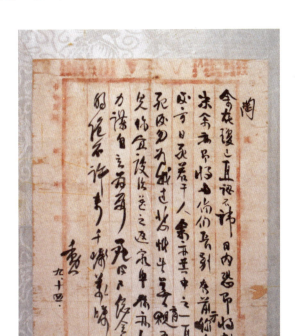

李硕勋写给爱人的遗书

在我们面前展开的是一封用毛笔行书写就的丈夫留给爱人的信——"勋"写给"陶"的信，是烈士留下的嘱托，字里行间充满着一个共产党人舍生取义、视死如归的崇高精神。

勋，即李硕勋。陶，即赵君陶——李硕勋的爱人。李硕勋原名开灼，又名李陶，出生于四川省庆符县（今高县），从小受到良好的教育，在中学时代就和阳翰笙等人创立了四川社会主义青年团。此后，他在上海、北京、广州等地组织学生运动。1927年，他以国民革命军第四军第二十五师政治部主任的身份参加了武汉国民政府举行的第二次北伐；8月又以南昌起义军第十一军第二十五师党代表兼政治部主任的身份参加了著名的南昌起义。在此后的一段时间里，他先后担任过中共江苏省委秘书处秘书、中共浙江省委军委书记、江苏省委军委书记等要职。1930年，他当选为中共中央军事委员会委员，参与领导组建红十四军、红十五军等部的工作。

1931年5月，李硕勋赴香港，担任中共两广省委军委书记。后两广省委决定派他到海南去主持召开琼崖游击队负责人军事会议，并指挥海南扩大武装斗争。他抵达海口后，住在得胜沙路中民旅店。他按照秘密地址，与琼崖地区的党组织和军事负责人联系，准备召开军事会议。但由于叛徒出卖，8月13日夜他在住所不幸被捕。

在狱中，他始终秉持共产党人视死如归的坚贞品格和不屈意志，面对敌人的严刑拷打，即便皮开肉绽，腿被打断，他也没说出任何党的秘密。在琼山县政府监狱的铁窗里，他清楚地知道，心狠手辣的敌人在什么也得不到的情况下必定要下毒手，于是他在狱中写下了遗书：

陶：

余在琼已直认不讳，日内恐即将判决；余亦即将与你们长别，在前方，在后方，日死若干人，余亦其中之一耳，死后勿为我过悲，惟望善育吾儿。你宜设法送之返家中，你亦努力谋自立为要。死后尸总会收的，绝不许来，千嘱万嘱。

勋　九·十四

遗书中的"吾儿"，即指后任党和国家领导人的李鹏。第二天，海南的反动派接到电令：就地枪杀李硕勋。1931年9月16日，李硕

李硕勋

勋被敌人残忍地用箩筐抬到东校场。他高呼着"打倒蒋介石!""打倒国民党反动派!""中国共产党万岁!"等口号,从容就义,年仅28岁。

李硕勋牺牲后,由狱卒帮忙将遗书带到狱外通过邮局寄出。先寄到原国民革命军第二十五师政治干事、香港九龙岭南中学教员林增华家中,由林增华转寄给香港九龙南华药房陈志英收,后由陈志英夫妇交给了赵君陶。

1959年中国人民革命军事博物馆筹建时,朱琳(李鹏夫人)怀抱几个月大的孩子陪同婆婆赵君陶,将这份遗书送到了中国人民革命军事博物馆。

1994年11月17日,李鹏和朱琳将珍藏了几十年的烈士遗物和有关资料共计21件赠予中国人民革命军事博物馆。当馆领导把馆存的烈士遗书展示在李鹏面前时,他仔仔细细地辨看,心情十分激动,语气肯定地说:"没错,这就是遗书的原件。父亲的遗书日期,只写了月和日,他是1931年牺牲的。"

随后,他从存放烈士遗物的皮夹中取出了当年国民党广东省政府存留的"李硕勋判决书"档案,进一步证实判决日期是1931年9月5日。

这封烈士遗书一直收藏、陈列在中国人民革命军事博物馆里。

红二十五军政委吴焕先送给伤员的毛毯

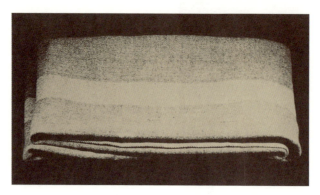

吴焕先送给伤员的毛毯

这是一条陈旧的毛毯，是红二十五军政委吴焕先在长征途中送给伤员的毛毯，充分体现了领导关心伤员和官兵的深厚情意。

吴焕先，1907年出生在湖北省黄安县紫云区四角曹门村（现属河南省新县），1925年加入中国共产党。1927年11月，吴焕先率紫云区农民武装参加黄麻起义。1931年后，吴焕先历任红四军十二师政治部主任、红二十五军七十三师政治委员、红二十五军军长、红二十五军政治委员等职。

1934年11月，吴焕先等奉命率领红二十五军高举"中国工农红军北上抗日第二先遣队"的旗帜，开始了战略转移。

11月26日，红二十五军进到河南省方城独树镇附近，准备由七里岗通过公路。不料敌四十军1个旅和1个骑兵团已抢先到达，突然向红军先头部队开火。红军先头部队一时乱了阵脚。就在这危急关头，吴焕先炸雷般地喝道："同志们，现在是生死存亡的关头！前进则活，后退则亡，我们决不能退！""共产党员跟我来！"他左手抡

吴焕先

刀，右手挥枪，带头冲向敌阵。血战半日，红二十五军终于杀出重围，通过公路。

吴焕先等率部进入陕南后，采取"诱敌深入，先疲后打，在运动中消灭敌人"的方针，给陕南之敌以沉重打击。当敌人向陕南根据地发起进攻时，吴焕先决定避敌锋芒，击其懈怠。他率领部队以每天100多里的速度日夜与敌周旋，使敌疲于奔命。吴焕先解释说："敌人多，我们少，不能硬拼，等把敌人拖垮了，我们就回过头来狠狠揍他们！"果然，待敌疲惫后，他率领部队连续远袭紫荆关，伏击袁家沟口，北出终南山，威逼西安，取得了许多战斗的胜利，红二十五军发展到3700余人。

吴焕先千方百计争取中共中央的领导，尝试与中共中央取得联系，但都没有成功。为了向党中央报告情况，他曾连夜写过一份《关于红二十五军的行动、个别策略及省委工作情况的报告》，长达8000多字，

59

经党的交通员呈报中共中央。吴焕先根据零星的材料与信息，坚决果断、及时、正确地做出策应党中央和主力红军北上的行动决策。他向部队提出响亮口号："迎接党中央！""迎接主力红军！"

吴焕先在长征途中十分关心部队指战员，特别是伤员，一次，他看到一个伤员没有什么盖的，就把自己的毛毯送给伤员盖，这名伤员十分感动。

吴焕先严格要求部队遵守群众纪律。一次，红二十五军路过留坝县庙台子时，部队住在张良庙内。军供给部把庙内的一对铜鹤收藏起来，准备带走留作供给经费之用。吴焕先知道后，要求立即物归原主。他语重心长地说："这对铜鹤是很值钱，但它们是庙内文物，值钱再多，我们不能拿走，更不能变卖！雁过留声，人过留名。我们从此过一回，拿走了留侯祠内的文物古董，将会留下千古骂名。我红军再穷再苦，都不能做出这种遭人唾骂的事，留下盗卖文物的罪名！"他要求部队保护名胜古迹，不得随便挪动庙内的一切陈列物品。

吴焕先教育部队自觉执行党的民族和宗教政策。红二十五军进入回民聚集地区兴隆镇，吴焕先制定了"三大禁令""四项注意"。"三大禁令"即禁止驻扎清真寺、禁止打回族的土豪、禁止在回民家中吃大荤。"四项注意"即注意尊重回族人民的风俗习惯；注意用回民水桶在井里打水；注意回避青年妇女；注意实行公买公卖，以示对回族的风俗习惯的尊重。与此同时，吴焕先在兴隆镇还召集当地知名人士和阿訇开座谈会，宣传党的抗日救国主张和红军的宗旨、政策。他明确表示："红军进驻兴隆镇，一不向你们派捐款，二不向你们催粮草，三不拉你们的民夫壮丁。大家尽管放心，红军决不骚扰老百姓。我们也不在此地停留，稍做休整之后，很快就走！"第二天，他又亲自拜访了清真寺，并赠送了匾额和礼品。吴焕先和红二十五军的实际行动，扩大了党和红军的影响，使当地回族人民深受感动，"红军好"的消息很快传遍了回民地区。许多回民群众积极为红军做事，一些回族青年自愿参加红二十五军。红二十五军的模范行动，为红军后续部队路过回族地区打下了良好的群众基础。毛泽东曾夸奖红二十五军路过陇东回民区留下的良好影响，表扬他们民族政策水平高，执行得好！

1935年7月16日，吴焕先率领红二十五军主力4000余人，西征甘肃，钳制陕甘之敌，策应党中央和主力红军北上。红二十五军西进途中，蒋介石电令陕军各部要"不分省界，跟踪追击"红二十五军。8月17日，吴焕先率红二十五军开始沿西（安）兰（州）公路东进，一举攻克隆德县城，连夜翻越六盘山，直逼平凉县城，歼灭追击之敌1个多营。红军连夜赶到白水镇，后冒雨东进，急行军40余里，到达泾川县城以西的王村。这时前有堵敌，后有追兵，连天雨使泾河水势猛涨，红军北渡泾河的计划难以实现。西兰公路南面，又有两道数十里宽的塬所阻，红军几乎无回旋余地，处境十分严峻。吴焕先等军领导决定翻过南面的王母宫塬，南渡泾河支流汭河，摆出一副佯攻灵台的态势，给敌人造成红军要"夺路入陕"的错觉，实则西进，牢牢扭住西兰公路不放，同时设法打听主力红军行动的消息，以便与他们会合。

8月21日，红二十五军冒雨赶到汭河，部队刚过一半，突然山洪暴发，河水猛涨，部队抢渡受阻。这时，敌三十五师一〇四旅二〇八团1000余人，在一连骑兵的配合下，由泾川县城沿着王母宫塬，乘机向红军突袭而来。担任后卫的二二三团，完全是背水一战，过河的部队因山洪之故又无法回援，二二三团的处境万分危急。吴焕先带领军部交通队和学兵连100多人，一鼓作气抄小路直插敌人侧后，突然发起攻击。他一边指挥，一边向战士们振臂高呼："同志们，决不能让敌人逼近河边，压住敌人就是胜利！一定要坚决地打！"敌人前受二二三团3个营的联合重机枪火力攻击，后受吴焕先所率交通队和学兵连的凶猛打击，处在前后夹击之中，顿时乱作一团。最后经过一场激烈的肉搏战，敌人被压制在一条烂泥沟里，1个团1000多人被全歼，敌团长马开基被毙，红二十五军再一次转危为安。

然而，在激战中一颗子弹飞来，吴焕先倒在血泊中牺牲了，全军指战员甚为悲痛。中共鄂豫陕省委和领导号召全体指战员化悲痛为力量，为实现吴焕先烈士的遗愿而英勇奋斗。红二十五军的指战员们含泪把吴焕先政委葬在了汭河南岸的郑家沟。人民爱戴吴焕先，而国民党反动派却害怕、痛恨吴焕先。在红二十五军离开泾川后，敌人破坏了吴焕先的坟墓。但吴焕先的英名将与日月同辉，永垂青史。

吴焕先送给伤员的毛毯，现陈列在中国人民革命军事博物馆里，它向人们讲述吴焕先在长征途中关心伤员的故事，展现着人民军队官爱兵的光荣传统。

红三军团参谋长邓萍的遗物

在中国人民革命军事博物馆的土地革命战争馆展厅里的一个展柜中，有一块垫板托着一组物品：衣扣、皮带扣、毛衣碎片、鞋底等。睹物思人，它们是长征中牺牲的红一方面军最高将领——红三军团参谋长邓萍留下的遗物。

邓萍的毛衣碎片

邓萍的衣扣、皮带扣、鞋底等遗物

邓萍，1908 年出生于四川省富顺县，1926 年底考入武汉中央军事政治学校学习，在校加入中国共产主义青年团，不久转入中国共产党，1927 年秋受党的派遣到国民革命军湖南独立第五师第一团开展兵运工作。由于他聪明机智、工作勤恳、文理通达、能书善画，备受该团团长彭德怀的信任和赏识。

邓萍（画像）

1928 年 7 月，邓萍与彭德怀、滕代远等共同组织、领导了平江起义。起义后部队改编为中国工农红军第五军第十三师。彭德怀任军长兼师长，滕代远为党代表，邓萍任参谋长、中共红五军军委书记，参加领导创建湘鄂赣苏区。1928 年冬，红五军主力到达井冈山，参加保卫井冈山革命根据地的斗争。1930 年，邓萍出任红三军团参谋长，兼任红五军军长。其后，在中央苏区反"围剿"的战场上，邓萍身经百战，出生入死。曾在两次东征福建中，兼任红军东方军参谋长。

1934 年 10 月，红一方面军开始长征。邓萍协助红三军团军团长彭德怀，指挥部队担任右路前卫，掩护中央机关和中央红军主力实施转移。1935 年 1 月遵义会议后，红三军团按照中革军委的部署，撤出遵义地区，一渡赤水，进入四川古蔺、叙永县。接着，挥师东进，二渡赤水，进抵娄山关下。这时，贵州军阀王家烈率 4 个团的兵力控制了娄山关至遵义一线，妄图阻拦红军回师遵义。邓萍指挥红三军团先头部队向娄山关发起冲击。他亲临部队前沿阵地，一边指挥作战，一边在随部队冲锋时高喊："同志们追呀！追到遵义去。

活捉王家烈！"就这样，红三军团势如破竹，一鼓作气抢占了遵义新城及城边村落。

遵义城当时分为新城和老城。新城在东，没有城墙；老城在西，有内外城墙，以一条河流为分界线。为了攻占老城，夺取遵义战役的全面胜利，邓萍身先士卒，率部逼近城北门外河滩边。第11团政委张爱萍为指挥战斗，冒着敌人密集的子弹，匍匐前进至城下河滩边，与邓萍会合。他们隐蔽在草丛中，边察看前沿地形，边交流对敌情的判断和下一步的打算。邓萍对张爱萍说："你们先钳制住守城之敌，待军团主力到达后，今夜发起总攻，一定要在明天拂晓前夺下遵义，情况紧急，明天增援遵义的敌人薛岳部就可能赶到……"突然，邓萍一头栽在张爱萍的右臂上，顿时，邓萍身上奔涌出的鲜血染红了张爱萍的军装。就这样，邓萍还没来得及把话说完就壮烈牺牲了。当彭德怀得知消息后，热泪盈眶。他满腔愤怒地下达了攻城命令："拿下遵义城，为参谋长报仇！"前线广大官兵听说这个消息后，更是义愤填膺，他们化悲痛为力量，高呼着"为参谋长报仇！"杀进老城，一举歼灭守城之敌。

邓萍的牺牲是红军的极大损失。他也是在长征中牺牲的中央红军最高职务的指挥员。战后，张爱萍怀着十分沉痛的心情，在鸭溪场挥笔写下挽诗一首：

长夜沉沉何时旦？
黄埔习武求经典。
北伐讨贼冒弹雨，
平江起义助烽焰。
"围剿"粉碎苦运筹，
长征转战肩重担。

遵义城下洒热血，

三军征途哭奇男。

　　新中国成立后，党和遵义地方人民政府重新找到了邓萍烈士的遗骸，迁葬在青松覆盖、绿水环绕的凤凰山上。彭德怀亲自修订了邓萍的简历；张爱萍亲笔为邓萍烈士撰写了墓志铭；移墓时发现并保存下来的衣扣、皮带扣、毛衣碎片、鞋底等遗物，被中国人民革命军事博物馆珍藏，以作永久的纪念。

刘伯坚在狱中写下的诗词和遗书

刘伯坚，1895 年出生在四川省巴中龙岗寺（今属平昌县）的一个小镇上，曾任工农红军学校政治部主任、第五军团政治部主任，先后参加了中央苏区第四、第五次反"围剿"和漳州、南雄水口等战役，1934 年被选为中华苏维埃共和国中央执行委员。

1934 年 10 月，中央红军主力长征后，刘伯坚奉命留在中央苏区，担任赣南军区政治部主任，在极其艰苦的环境中坚持游击斗争。

1935 年春，根据中共中央的指示，中央分局决定将留在中央苏区的红军分路突围转移，分散开展游击战争。中央分局和中央军区决定：由中共赣南省委书记阮啸仙、赣南军区司令员蔡会文、政治部主任刘伯坚等，率领独立第六团留赣南地区坚持游击战争。后因敌情变化，他们拟转向赣粤边境的定南、龙南、虔南与信丰地区活动。转移途中，与国民党军多次展开作战，刘伯坚与其他指挥员一道沉着勇敢地指挥。3 月 4 日凌晨，转移部队在安远县鸭婆坑与数倍的国民党军展开激战，刘伯坚腿部负伤，在掩护部队突围中，不幸被捕。

刘伯坚

刘伯坚被捕后始终坚贞不屈。敌人对他威逼利诱，企图获得共产党和红军的机密。他干脆地说："被你们抓着了，要杀就杀，没有什么要告诉你们的。"当敌人拉出在押的他的一个个部下让他指认时，他更是口气坚定地说："我不认识。"他的掩护避免了更多人的牺牲。面对敌人的酷刑审讯，他始终以钢铁般的意志与之进行顽强的斗争。

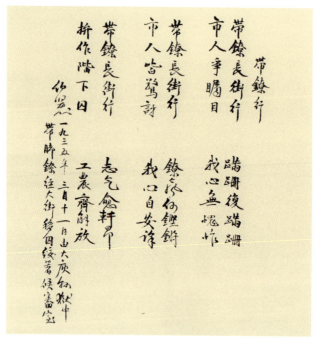

刘伯坚《带镣行》诗稿

刘伯坚在狱中写下了著名的《带镣行》《移狱》和《狱中月夜》三首诗，为我们留下了一笔宝贵的精神财富。其中《带镣行》写道：

带镣长街行，蹒跚复蹒跚，市人争瞩目，我心无愧怍。

带镣长街行，镣声何铿锵，市人皆惊讶，我心自安详。

带镣长街行，志气愈轩昂，拼作阶下囚，工农齐解放。

　　这首诗深刻地表达了一个共产党人对革命理想矢志不移，为工农解放事业奋斗到底的坚定决心。

　　3月16日，刘伯坚预感到敌人要下毒手了，于是，他执笔给亲人留下遗嘱，在给凤笙大嫂并转五六诸兄嫂信的开头写道："弟准备牺牲，生是为中国，死是为中国，一切听之而已！"表达了他为中国革命事业献身而在所不辞的决心，继而平静地嘱托两件事：

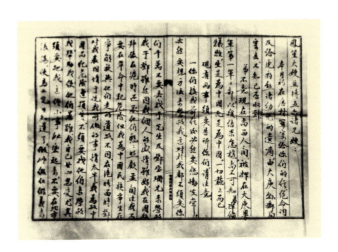

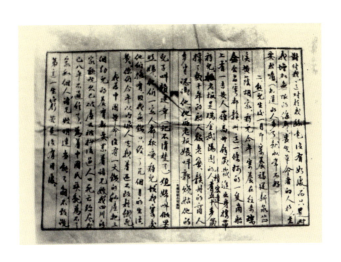

刘伯坚给凤笙大嫂并转五六诸兄嫂信

一、你们接我前信后必然要悲恸失常，必然要想方法来营救我，这对于我都不须要……

二、熊儿生后一月即寄养福建新泉芷溪黄荫胡家……我为中国革命没有一文钱的私产，把三个幼儿的养育都要累着诸兄嫂，我四川的家听说久已破产又被抄没过，人口死亡殆尽，我已八年不通信了。为着中国民族就为不了家和个人，诸兄嫂明达当能了解，不致说弟这一生穷苦，是没有用处。

3月20日临刑前，刘伯坚正气凛然地给爱人写下最后的绝笔信：

你不要伤心，望你们无论如何要为中国革命努力，不要脱离革命路线；并要尽一切力量，教育虎、豹、熊三幼儿成人，继续我的光荣的革命事业。

1935年3月21日，刘伯坚在江西大庚县（今大余县）金莲山英勇就义。他所留下的遗书不仅是对亲人的嘱托，更是对后人的一种激励，现成为珍贵文物，陈列在中国人民革命军事博物馆里。

方志敏的《清贫》和《可爱的中国》手稿

《清贫》和《可爱的中国》是红十军团军政委员会主席方志敏在狱中写成的手稿的一部分。

1940年，叶剑英在八路军重庆办事处得到方志敏的手稿后，曾有感而作一首七言绝句："血染东南半壁红，忍将奇绩作奇功。文山去后南朝月，又照秦淮一叶枫。"并将它题写在方志敏烈士的照片上，充分表达了对方志敏的敬佩之情。

1935年1月，方志敏率红十军团在江西省怀玉山区与国民党军作战时，遭敌重兵围困。他带领先头部队奋战脱险。

叶剑英题写诗歌的方志敏照片

为营救后续部队，方志敏在生死关头毅然复入重围，以高度的责任心走上了一条最危险的道路，率领仅剩下的2000多人与敌人展开周旋。此时，红军已经粮弹奇缺，伤亡不断增加，在雪雨中顽强行军。许多指战员几天来粒米未进，以草根树皮充饥。到16日，敌第四十九师补充第一旅、二十一旅，浙江保安纵队第二、第五团和独立第四十三旅等，已经将红十军团牢牢地包围在纵横不到15里的狭小地区。敌人向包围圈内的红军发动"进剿"，红军几次突围都没有成功。红二十一师在王龙山，红十九师、二十师在怀玉山北部的冷水坑、玉峰、马山等地，实施多种突围方案，广大指战员浴血奋战。在强敌的围攻下，红军被分割、冲散，但誓与敌人血战到底的红军战士，仍然奋勇战斗，许多战士英勇牺牲。方志敏等5人隐藏在陈家湾与暖水间的山上，两次偷越封锁线未果。由于警卫班长叛变下山告密，1935年1月29日，方志敏在江西玉山和德兴交界的陇首村附近的高竹山密林中不幸被俘。

方志敏被俘后，被押解到敌独立第四十三旅七二七团团部驻地陇首村。他抱定为革命事业献身的决心，表明自己"认定苏维埃可以救中国"，"愿意牺牲一切，贡献于苏维埃和革命"。此后，方志敏先后被关押在玉山、上饶、南昌等地。在南昌城，敌人将方志敏押在装甲车上游行示众。方志敏戴着沉重的脚镣，昂首挺立在四周插满刺刀的囚笼里，微笑着向群众致意，他宁死不屈的形象，深深地感染了在场的群众。随后，敌人又在豫章公园召开"庆祝生擒方志敏大会"。一位美国记者曾经这样记录当时的情景："戴着脚镣手铐站立在铁甲车上的方志敏，其态度之激昂，使观众无限敬仰。周围由大队兵马森严戒备着。观众看见方志敏后，默默无声，谁也不发一言，即使蒋介石参谋部之军官亦莫不如此。观众之静默，适证明观众对此气魄昂然之囚犯，表示无限之尊敬及同情。"方志敏面对几千名群众，宣讲革命道理，吓得敌人目瞪口呆。

方志敏面对国民党高官的劝降，坚定地表示"笃信共产主义，至死不渝"。敌人又使用金钱和美女来软化方志敏的斗志，方志敏不屑一顾。方志敏的凛然正气，让敌人大大失望。他们把方志敏押上大堂审讯，对他鞭笞、铜烙，方志敏虽几经昏死，却大义凛然，威武不屈，痛斥国民党的滔天罪行。就连敌人的报纸和中央社也不得不承认"方志敏反对一切提议，态度非常强硬，看出他至死也不会动摇的。关于红军现状的一切问题，他一概拒绝回答"。

为了向党中央汇报自己的情况，方志敏利用写"口供"的机会，写下了《我从事革命斗争的略述》和《我们临死以前的话》，共计1万多字。但由于当时环境复杂，条件有限，他把这些文稿销毁了。

方志敏后来换到一个"优待号"。"优待号"里设备齐全，住在这里的人可以在墙内自由活动。在这里方志敏与胡逸民结识并成为朋友，并争取了当时狱中最关键的人物、看守所代理所长凌凤梧。凌凤梧几次向军法处请示，据理力争，终将方志敏10斤重的脚镣换成了4斤重的脚镣，同时对方志敏借写"口供"之名写文章，也是睁只眼闭只眼。高易鹏是凌凤梧的老乡，经凌介绍在看守所任文书。高易鹏对方志敏极为同情，极力支持方志敏的写作，曾经数次到街上为方志敏购买笔和纸。

方志敏把写作当作他向党最后尽力的机会。他要在生命的最后时刻，倾吐对党、对祖国的赤诚，要总结自己毕生奋斗的历史，为后来的同志留下一笔用生命凝成的精神遗产。在狱中半年多的时间里，他从寒春写到炎夏，从炎夏写到初秋，白天写，晚上写，从深夜写到黎明。为了这些文稿，他不知熬过多少不眠之夜，也不知咳过多少次血，但他咬紧牙关，坚持写作。当他在写作《赣东北苏维埃创立的历史》第三章的时候，噩耗一个接着一个地传来。入狱的难友先后被枪杀了。这时方志敏预感到自己的日子也不长了，便抓紧安排送出文稿等后

方志敏在狱中写的
《可爱的中国》《清贫》手稿

方志敏在狱中写给友人的信

事。7 月初，他写了《遗信》《给党中央的信》《给我妻缪敏同志的信》《给鲁迅的信》等。信写好之后，便投入紧张的文稿复写工作。为保险起见，他打定主意要传出去 4 份，这就要复写 3 份。这 3 份有的用米汤密写，有的用墨笔抄写，不能找人代写，10 多万字，复写 3 份就是 30 多万字，在短短半个月时间里，他每天要复写两万多字，这样艰苦的劳动，没有惊人的毅力、顽强的斗志，是不可能坚持下来的。

方志敏的文稿先后分几次从狱中传出。第一批文稿通过高易鹏的未婚妻程全昭传出高墙。程全昭按照方志敏的嘱托，到上海"内山书店"找鲁迅先生，没有找到；又赶到生活书店，也没有找到邹韬奋和李公朴，于是留下口信给在店中的胡愈之和中共中央特科的毕云程，请邹韬奋当天下午到宝隆医院门口见面，有信交给他。后胡愈之请章乃器的夫人胡子婴将文稿和信件取回。此后经中央特科将文稿抄送至莫斯科共产国际东方部，再转送中国共产党在法国巴黎创办的《救国时报》。程全昭受托第一批手稿后，20 多天没有消息。方志敏十分着急，便再次用米汤写下几封密信，要求高易鹏亲自赴上海落实文稿和信件送达事宜，并将密信送交宋庆龄、鲁迅和李公朴。给李公朴的信，高易鹏顺利地送到，但《给孙夫人的信》和《给鲁迅的信》他没有送达，就地销毁了。高易鹏找到程全昭，了解到信、稿已经平安送达。第二批文稿及 3 封信，即写给中央的、写给孙夫人的和写给鲁迅先生的，交给同在狱中的胡逸民，请他想办法送出去。胡逸民便安排在狱中照顾他生活的三姨太向影心专程把信送到上海，结果没有送。1940 年，八路军驻重庆办事处的同志重金买回的方志敏手稿，正是向影心带出的最长的一篇《我从事革命斗争的略述》。后来在上海、南京也发现过方志敏的手稿。最后一批手稿，是方志敏就义之前，托付给胡逸民的，请他想办法交给鲁迅先生，请鲁迅转交给党中央。胡逸民出狱后，因鲁迅已经病故，所以直接找上海各界抗日救国联合会章乃器，接待他的是其夫人胡子婴。他们打开纸卷，看到有多篇手稿和信件，除《给党中央的信》是密写的之外，其他手稿都是墨书。手稿后来经冯雪峰、潘汉年、谢澹如等精心策划、保管，直至全国解放。新中国成立后收集到方志敏狱中手稿13篇，大约13万字。最早的写于1935年4月22日，最后一篇写于1935年6月29日，其中有《清贫》和《可爱的中国》等。

1935年8月6日，东方未亮，细雨蒙蒙，方志敏被敌人杀害于南昌市下沙窝，年仅36岁。他那满腔沸腾的热血，如涓涓细流，一点一滴，毫无保留地洒在了生他养他，并让他为之奋斗终生的可爱的中国广袤而苦难的大地上。

方志敏就义三个月后，《救国时报》发表了《在狱致全体同志书》和《我们临死以前的话》。1936年1月29日，《救国时报》编辑部整理出版了《民族英雄方志敏传》。

由于方志敏是被敌人秘密杀害的，所以他的忠骨埋在哪里不知道。1955年，党中央做出了寻找方志敏遗骨的决定。在刘少奇的直接指示下，江西省成立了以方志纯等领导组成的方志敏遗骨调查小组。1957年，江西化纤厂在南昌下沙窝破土挖地基时，发现一堆骨骸，并伴有一副脚镣。这里正是方志敏就义的地方。调查小组立即赶赴现场，实地勘察。经方志敏烈士的遗孀缪敏、堂弟方志纯及凌凤梧等人辨认，确定收集到的残缺不全的79块骨骸中，有方志敏烈士的遗骨。后经法医科学鉴定有9块遗骨是方志敏烈士的。1965年，中共江西省委为方志敏烈士修建坟墓时，毛泽东主席亲题墓碑，写下"方志敏烈士之墓"7个大字。

正当方志敏烈士遗骨安葬前的工作有序进行时，"文化大革命"开始了。青年法医张伟纳历尽艰辛，将方志敏烈士的遗骨秘密珍藏了10年。1977年8月6日，在方志敏烈士就义42周年之时，人们为方志敏烈士举行了迟到而隆重的葬礼。《清贫》和《可爱的中国》也成为教育后人的珍贵资料。

东北抗联第二路军副总指挥赵尚志使用过的皮箱

赵尚志使用过的皮箱

这不是一只普通的皮箱，它是东北抗日联军第二路军副总指挥赵尚志使用过的皮箱。它跟随赵尚志转战在东北的抗日战场上。这只历经抗日烽火的皮箱，向我们讲述了赵尚志抗日的故事。

赵尚志，辽宁朝阳人，1925年加入中国共产党，同年冬进入广州黄埔军校学习，1926年回东北从事革命活动，曾两次被捕入狱，坚贞不屈，1931年九一八事变后经组织营救出狱。

1932年春，赵尚志任中共满洲省委军委书记。1933年10月，他领导创建北满珠河反日游击队，任队长。游击队创立时，他带领队员们庄严宣誓："我们珠河反日游击队全体战士，为收复东北失地，争回祖国自由，哪怕枪林弹雨，万死不辞，赴汤蹈火，千辛不避，誓为武装东北三千万同胞，驱逐日寇出东北，为中华民族的独立解放奋斗到底！"

随着部队的发展壮大，1934年6月，赵尚志任东北反日游击队哈东支队司令，与李兆麟、冯仲云等创建了珠河、汤原抗日游击根据地。1935年1月，赵尚志任东北人民革命军第三军军长。1936年1月，他联合各抗日武装，成立北满抗日联军总司令部，任总司令，同年8月任东北抗日联军第三军军长，后被选为中共北满临时省委执委会主席，后任东北抗日联军第二路军副

赵尚志

总指挥。面对日伪军的疯狂"讨伐""清剿"，赵尚志率领抗联部队进行了英勇无比的艰苦战斗，远征松嫩平原，爬冰卧雪，风餐露宿，作战百余次，打破了敌人一次次重兵"讨伐"和"清剿"。1940年夏，赵尚志被错误地开除中共党籍，他忍辱负重，仍率小分队坚持抗日斗争。他对周围的同志说："我生是共产党的人，死也要死在东北抗日战场上。"

1942年2月12日，赵尚志在袭击鹤岗梧桐河伪警察分所时，负重伤被俘。他拒绝医治，痛斥敌人，宁死不屈，8个小时后壮烈牺牲。穷凶极恶的敌人割下赵尚志的头颅，运到长春庆功，把他的躯体抛进松花江的冰窟中。赵尚志壮烈牺牲时，年仅34岁。

为了纪念他，1947年珠河县农工代表大会决定将该县改名为尚志县，哈尔滨的一条主要街道命名为"尚志大街"，烈士出生地朝阳喇嘛沟村改名为"尚志村"。

　　赵尚志使用的这只皮箱，后辗转到赵尚志的妹妹家。赵尚志的外甥李龙回忆说："妈妈经常告诉我们兄弟姐妹，这只皮箱是我们三舅使用过的，一定要好好保存、好好爱惜。"一家人珍藏这只皮箱几十年。

　　2015 年，这只皮箱在中国人民革命军事博物馆举办的纪念抗日战争胜利 70 周年的"抗日英烈展"上展出。

　　在中国人民革命军事博物馆举办的纪念抗日战争胜利 70 周年的"抗日英烈展"上展出的赵尚志使用过的皮箱（右边展柜里）

东北抗联女英雄赵一曼使用的粗瓷大碗

中国人民革命军事博物馆里，陈列着一个粗瓷大碗，这是东北抗日联军第三军一师二团政治委员赵一曼使用过的。这个碗，赵一曼虽然仅仅用了一次，却有一段感人的故事。

赵一曼使用过的瓷碗

赵一曼（1905—1936），原名李坤泰，又名李一超，四川宜宾人，1923年加入社会主义青年团，1926年加入中国共产党，1926年10月考入武汉黄埔军校，同年11月进入武汉中央军事政治学校学习。1927年9月，赵一曼赴苏联莫斯科中山大学学习，1928年冬奉命回国，先后在宜昌、上海、江西等地从事秘密工作。

1931年九一八事变后，赵一曼被派往东北地区发动抗日斗争。她先后任满洲总工会秘书、组织部部长，中共滨江省珠河县（今黑龙江省尚志市）

赵一曼

中心县委特派员、铁北区委书记，领导工人进行罢工运动，组织青年农民反日游击队与敌人进行斗争。她在一首《滨江述怀》的诗中抒发了自己坚定的抗日意志：

誓志为人不为家，

涉江渡海走天涯。

男儿岂是全都好，

女子缘何分外差？

未惜头颅新故国，

甘将热血沃中华。

白山黑水除敌寇，

笑看旌旗红似花。

当时，抗日游击队的武器弹药十分缺乏。一次，赵一曼冒着生命危险进入珠河县城，把地下党从伪军手里买的十几支枪和一些子弹，装在大粪车里，从敌人的眼皮底下运到城外，给游击队用来打击敌人。1935年秋，她任东北抗日联军第三军第二团政治委员。

有一回，一场激烈的战斗刚刚结束，小通讯员给赵一曼送来一个鼓鼓的挂包，打开一看，是个粗瓷大碗。赵一曼吃饭用的搪瓷缸子，早就送给一个新战士了。通讯员一直想给她另找一个碗，好不容易在这次战斗中找到了，就连忙给她送来。赵一曼看着这个碗，对通讯员说："从哪里拿来的，请你还到哪里去！"通讯员为难地说："这……这……敌人都消灭了，往哪儿还呀！"开饭了，通讯员用这个大碗给赵一曼盛了满满一碗高粱米饭。他想："这回我们政委该吃顿饱饭了。"赵一曼一看，就知道这饭是从病号灶盛来的，那些日子非常艰苦，抗联部队几个月来都是靠野菜、草根、橡子面充饥，部队虽然还有一点点粮食，但得留给伤病员吃。团长、政委和战士一样，有几个月没吃过粮食了。赵一曼端着这碗高粱米饭，望着面前的小通讯员，怎么忍心责备他呢？赵一曼趁人不防，快步走进炊事棚，把饭倒在锅里，又从另一口锅里盛了半碗野菜粥。这些都被炊事员老李在旁边看到了，他没有吭声，眼睛里却含着泪花。第二天开饭的时候，赵一曼又没有碗了，小通讯员急得直叫："我说政委同志啊，给你一百个碗也架不住这么丢呀！"赵一曼笑着说："是啊，什么时候才能不丢碗呢？"据后来"侦察"，这个粗瓷大碗已经成了七班的菜盆了。

11月间，第二团被日伪军围困于一处山间。赵一曼协助团长指挥作战，连续打退敌军6次进攻。团长让她带领部队突围。赵一曼果断地说："你是团长，有责任将部队带出去，我来掩护！"赵一曼为掩护部队突围，身负重伤。后在珠河县春秋岭附近一农民家中养伤，被日军发现，在战斗中再度负伤，昏迷后被俘。日军对她施以酷刑，用钢针刺伤口，用烧红的烙铁烙皮肉，逼其招供。她宁死不屈，严词痛斥日军的侵略罪行。

为了得到口供，日军将她送进医院监护治疗。在医院里，她积极宣传抗日救国的道理，教育争取看护和看守人员。1936年6月28日，她在看护和看守的帮助下逃出医院。6月30日晨，她被追敌再度抓捕，受到更加残酷的刑讯。

1936年8月2日，赵一曼在珠河被敌杀害。临刑前，她高唱《红旗歌》，高呼"打倒日本帝国主义！""中国共产党万岁！"，视死如归，从容就义，时年31岁。

为纪念赵一曼，哈尔滨的一条主要街道命名为"一曼大街"。朱德、宋庆龄、董必武等党和国家领导人为她题词。

1962年4月9日，郭沫若写诗纪念和歌颂赵一曼：

蜀中巾帼富英雄，

石玉犹存良玉踪；

四海今歌赵一曼，

万众永忆女先锋。

青春换得江山壮，

碧血染将天地红。

东北西南齐仰首，

珠河忆载漾东风。

白求恩大夫使用过的止血钳

白求恩大夫使用过的止血钳

这把止血钳是白求恩大夫为八路军伤员做手术时使用的。止血钳长130毫米，呈白色，有锈迹。白求恩逝世后留给了白求恩护士学校。这把止血钳曾为抢救伤员发挥了重要作用。

诺尔曼·白求恩，1890年3月3日出生在加拿大安大略州格雷文赫斯特镇的一个牧师家庭，加拿大共产党员，世界有名的胸外科专家，曾在西班牙的反法西斯侵略战争中，当过战地救护队队长。

1938年1月，白求恩受加拿大共产党和美国共产党的派遣，率领援华医疗队从温哥华启程，不远万里来到中国，援助中国的抗日战争。他先后经武汉、西安到延安，于6月17日到达八路军晋察冀军区所在地山西省五台县金岗库村。

白求恩一到晋察冀军区后方医院，不顾疲劳，立即投入到治疗伤员的工作中。当时后方医院条件很差，医务人员的技术水平也很低，又没有完善的手术设备，药品也非常缺乏。他们只能因陋就简，用铁丝做探针，用竹签做镊子，用锯木头的锯子截肢。在这样艰苦的条件下，白求恩在一个月里施行了 147 次手术。白求恩参加了多次重大战斗的战场救护工作，他率领的医疗队创造了战地手术新纪录——曾一次连续工作 69 个小时，为 115 名伤员做手术。白求恩在抗日前线工作期间，把自己的生死置之度外，哪里有伤员他就出现在哪里。在一年多的时间里，他抢救了数千名伤员，施行了数不清的手术。可想而知，这把止血钳所起的作用有多么大。他带头给伤员输过血，对待伤员像对待自己的亲人一样。他的无私奉献精神感动了每位抗日将士，也激励着将士们为保卫祖国而英勇杀敌。

　　1939 年 11 月，日军对晋察冀北岳区发动大规模的冬季"扫荡"。白求恩率领一个战地医疗队到达涞源县摩天岭战斗前线，在临近火线的孙家庄小庙里布置了手术室，立即投入紧张的手术。就在他给伤员

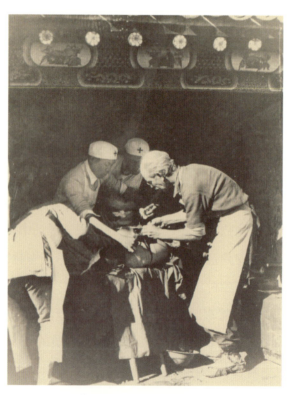

白求恩为八路军伤员做手术

做急救手术时，左手中指不幸被手术刀划破。后来，白求恩在为一位伤员做手术时伤口受感染，化脓红肿。病发后，白求恩不顾病痛，继续支撑着为其他重伤员做手术，并说："你们不要拿我当古董，要拿我当一挺机关枪使用。"不久，他的伤势恶化，转为败血症，生命垂危。聂荣臻司令员知晓后，立即写信，要求部队不惜任何代价挽救白求恩的生命，但已经来不及了。11 月 12 日清晨 5 时 20 分，加拿大人民优秀的儿子、伟大的国际主义战士白求恩大夫不幸于河北完县黄石口村（今属唐县）逝世。

白求恩逝世后，晋察冀边区军民悲痛万分。毛泽东在延安听到白求恩逝世的消息后，怀着沉重的心情于 12 月 21 日写下了《纪念白求恩》一文，称赞白求恩："一个外国人，毫无利己的动机，把中国人民的解放事业当作他自己的事业，这是什么精神？这是国际主义的精神，这是共产主义的精神，每一个中国共产党员都要学习这种精神。"

1940 年，为了纪念白求恩这位伟大的国际主义战士，晋察冀军区决定将原"模范医院"改为"白求恩国际和平医院"。

1959 年，白求恩国际和平医院护士长董兴谱将白求恩使用过的这把止血钳捐献给了中国人民革命军事博物馆。

斯诺送给项英的"派克"钢笔

中国人民革命军事博物馆珍藏着一支埃德加·斯诺赠给项英的"派克"钢笔。这是一支老式的"派克"钢笔。暗红色的塑料质，笔身镀有金色的圈纹，已经有些变黑的金黄色笔头上依稀可以看出"PARKER JUOFOLDPEN"字样。

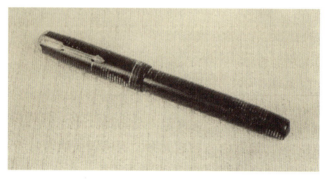

斯诺送给项英的"派克"钢笔

埃德加·斯诺，是美国著名记者和作家。1936年6月至10月，他冒着生命危险，到中国西北的革命根据地进行实地采访，并和毛泽东主席进行长时间的谈话，收集了关于红军长征的第一手资料，为英美报刊写了许多轰动一时的通讯报道，扩大了中国革命在世界的影响。1938年8月，根据周恩来的安排，他采访了新四军副军长项英。

项英，1922年4月加入中国共产党，曾担任中共中央职工运动委员会书记，领导工人运动，先后当选为中共中央委员、中央政治局委员、中央政治局常务委员。1928年起，项英先后任中共江苏省委书记、中华全国总工会委员长兼中共党团书记、中共中央长江局书记、中共苏区中央局委员、代理书记兼中央革命军事委员会主席，中华苏

项　英

维埃共和国中央政府副主席，中央革命军事委员会副主席、代主席等职。

1934年10月，中央红军主力长征后，他奉命留在中央根据地坚持斗争，和陈毅等一起领导南方各根据地的红军和人民，进行了三年艰苦卓绝的游击战争。全民族抗战爆发后，他和陈毅分赴各游击区，传达党中央关于国共合作、共同抗日以及部队整编的指示，将分散在南方八省的红军和游击队编成新四军。项英任新四军副军长、中共中央东南分局（后改为东南局）书记、中央军委新四军分会书记。他与叶挺率部在华中敌后开展游击战争，抗击日军侵略，创建了华中敌后抗日根据地。

在这次采访中，项英向斯诺谈了自己的身世和革命经历，讲述了中央红军长征之后，他和陈毅等一起领导部队在三年游击战争中，怎样以斗争求生存，怎样与多于自己数十倍的敌人周旋等。这使斯诺产生由衷的敬佩。采访之后，斯诺把自己从香港带来的这支"派克"钢笔送给了项英，以作纪念。

项英非常珍惜这支钢笔，从1938年8月到1941年牺牲，他一直随身携带这支笔，用这支笔草拟文件，撰写文章。

1941年1月，皖南事变中，新四军虽浴血奋战，终因寡不敌众，弹尽粮绝，遭受重大损失。之后，项英与副参谋长周子昆等隐蔽在赤坑山蜜蜂洞，准备伺机北渡，不幸于3月14日凌晨被叛徒杀害。

项英牺牲后，他的警卫员挥泪告别了项英的遗体，携带这支钢笔，历尽艰辛，突出了敌人的重围。后来，终于见到了新组建的新四军第7师政委曾希圣。他把项英牺牲的情况向曾希圣做了汇报，并移交了这支钢笔。曾希圣把这支笔交给新四军军部的通信科长胡立教保存。1943年，胡立教又把这支笔交给了军部的机要秘书顾雪卿。

新中国成立后，顾雪卿便把这支珍藏多年的钢笔送交到南京军区干部部。1959年，南京军区又把这支钢笔送到中国人民革命军事博物馆收藏。

柯棣华大夫的外科手术缝合针线盒

柯棣华大夫用的外科手术缝合针线盒

这个小塑料袋里装的是外科手术专用的缝合针线盒。它是抗日战争时期柯棣华大夫从印度带来并使用的。

柯棣华，原名德瓦卡纳思·桑塔拉姆·柯棣尼斯，柯棣是姓。柯棣华于 1936 年毕业于孟买的格兰特医学院，1938 年 9 月，参加印度援华医疗队。同年 11 月，印度援华医疗队到达中国重庆后，为表达对中国人民的情意，队员们一致决定在每个人的姓氏之后加一个"华"字，柯棣华的名字由此而来。

1939 年 2 月，印度援华医疗队到达延安。不久，柯棣华被分配到距延安 12 里远的八路军模范医院任外科医生。

1939 年 11 月，中共中央批准了柯棣华、巴苏华、爱德华去前线的请求。从 1939 年底到 1940 年 8 月，他们转战晋东南、冀西、冀南、冀中和晋察冀等抗日根据地，行程近万里，沿途施行手术千余次，诊治了数千名伤病员。尤其是在 1940 年 8 月的百团大战期间，柯棣华和巴苏华分率一个医疗队进行战地救护。在 13 天的战斗中，柯棣华医疗队接收 800 余名伤员，施行手术 588 人次。情况紧急时，他曾三

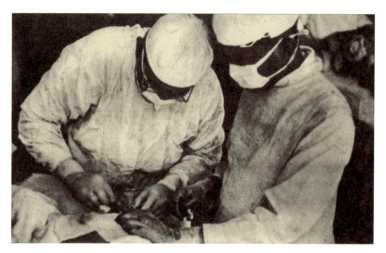

柯棣华在为八路军伤员做手术

天三夜没合眼。

1941 年 1 月，柯棣华出任白求恩国际和平医院首任院长。凡是他做过的手术，他都要亲自检查、换药。他以认真负责的态度和高超的医疗技术水平挽救了众多八路军将士的生命。

1941 年冬，有一个战士左脚腕受伤。因没有得到及时治疗，伤口感染，整条腿不能动了。医生们为他做了检查，准备第二天给他做截肢手术。次日，柯棣华来到这个部队，经重新检查，决定不对这个战士实施截肢手术。此后，他每天亲自给战士清洗伤口、换药。经过一个月的治疗，这个战士的腿终于保住了。由于柯棣华对工作极端负责，对同志极端热忱，伤员亲切地称他为"黑妈妈""第二个白求恩"。

在战争环境中，八路军医务人员较为缺乏，柯棣华不仅从事救疗工作，还非常重视培养青年医生。他亲自担任教学任务，为八路军培养了大批医务人员，充实了八路军的医疗队伍，提高了医护人员的医疗水平。

1942 年 7 月 7 日，柯棣华被批准加入中国共产党，实现了他的夙愿。同年 12 月 9 日凌晨，柯棣华因积劳成疾，癫痫病严重发作，经抢救无效逝世，年仅 32 岁。

12 月 30 日，柯棣华追悼大会在延安召开。朱德在大会上致悼词，毛泽东 12 月 29 日题写挽词："印度友人柯棣华大夫远道来华，援助抗日，在延安华北工作五年之久，医治伤员，积劳病逝，全军失一臂助，民族失一友人。柯棣华大夫的国际主义精神，是我们永远不应该忘记的。"

柯棣华病逝后，他的战友把这个外科手术缝合针线盒珍藏起来。1959 年，北京军区和平医院将这个手术缝合针线盒捐赠给中国人民革命军事博物馆收藏、展出。

东北抗联第一路军总司令杨靖宇的印章

杨靖宇牺牲前使用过的印章

这件文物，是东北抗日联军第一路军总司令兼政治委员杨靖宇将军的一枚办公用的铜质印章。这枚铜质狮纽小方印，长 15 毫米，高 30 毫米，下部为正方形印台，上部为一个造型生动的圆雕狮子纽，底部印面为阳刻，有较宽的缘，刻有"杨靖宇印"四个隶书字。从它光滑的外表可以看出，印章跟随杨靖宇经历了漫长的艰苦岁月。

杨靖宇，原名马尚德，字骥生，又名张贯（冠）一，1905 年 2 月生于河南省确山县李湾村一个贫苦农民的家庭，1926 年加入中国共产主义青年团，1927 年 4 月领导确山农民起义，同年 5 月 5 日加入中国共产党。1928 年，杨靖宇在开封、洛阳等地从事秘密工作，1929 年到东北任中共抚顺特别支部书记。在河南和东北工作期间，他先后 5 次被捕入狱，始终坚贞不屈。

1931 年九一八事变后，杨靖宇任中共哈尔滨市道外区委书记、市

杨靖宇

委书记兼满洲省委军委代理书记等职。1932 年秋，他奉命赴南满整顿游击队，任中国工农红军第三十二军南满游击队政治委员。1933 年 9 月，杨靖宇任东北人民革命军第一军第一独立师师长兼政治委员，翌年任东北人民革命军第一军军长兼政治委员。杨靖宇曾被选为中华苏维埃共和国中央执行委员。

1936 年 2 月，杨靖宇任东北抗日联军第一军军长兼政治委员，7 月任东北抗日联军第一路军总司令兼政治委员，还曾任中共南满省委书记。他领导军民开展敌后游击战争，沉重地打击了日伪军。1937 年七七事变后，他率部进攻本溪同沟、宽甸四平街、桓仁榆树沟、辑安（今集安）老岭隧道工程等地日伪军，跨越辽宁、吉林两省，取得重大战果。

杨靖宇的印章在革命战争中，发挥过非常重要的作用。他作为部队主要官员经常发布各种命令，并在上面郑重地盖上自己的印章。他还会发出一些重要的通知、汇报、总结，制定一些重要的规章制度等文件，同样也在上面加盖印章。有时一些重要的信件，也要盖印章。

1938 年秋，日伪军加紧实施疯狂的"大讨伐"，特别对抗联第一路军各部队进行长期封锁和分割包围，并对杨靖宇采取高官引诱和悬赏缉捕的办法。东北抗日联军遇到了空前的困难和危险。部队化整为零，分散活动，与敌周旋。杨靖宇为了掩护部队安全转移，冒着零下40℃严寒，率领部分队伍和总部警卫旅 400 余人，在桦甸夹皮沟、江瓮圈、金川回头沟一带转战，钳制敌军。部队极度缺乏衣食和弹药，连续作战，人员不断伤亡、失散。至 1940 年 1 月，人数减至 60 余人。杨靖宇和战士们一样，每天靠吃树皮、草根、白雪等充饥。他鼓励大家，一定要坚持到底，决不屈服，争取最后的胜利。此时，警卫旅第 1 团参谋丁守龙叛变，供出杨靖宇等人的行踪。敌人便派出多支部队跟踪追击。2 月 15 日晚，杨靖宇身边只剩下两名警卫战士。18 日，警卫战士去找食物，在大东沟屯附近遇害。日军从一名战士身上找到杨靖宇的印章，判断他就在附近，便增加兵力，封锁搜山。杨靖宇独自一人与敌周旋 5 天。2 月 23 日，在濛江县西南保安村三道崴子，因汉奸告发，杨靖宇遭敌层层包围，敌人劝降不成，便发动进攻。杨靖宇手持双枪，抗击 20 分钟，终壮烈牺牲，年仅 35 岁。凶残的日军割下了他的头颅，又剖开了他的腹部，发现肠胃里竟没有一粒粮食，全是树皮、枯草和棉絮，大为震惊。

1946 年，为了纪念这位抗联英雄，东北民主联军通化支队改为杨靖宇支队，濛江县改为靖宇县。后在通化市建立杨靖宇烈士陵园和纪念馆。

1967 年，吉林通化兴华镇农民柳明章在大荒沟铲地时，偶然捡到了被日军丢弃的杨靖宇印章，把它交给了当地公安部门。这枚印章后被送到中国人民革命军事博物馆收藏、陈列。

彭雪枫写给烈属的一封慰问信

彭雪枫写给烈属谢老太太的慰问信

这是彭雪枫于 1940 年 7 月 11 日写给安徽涡阳县烈属谢老太太的慰问信。信中处处洋溢着人民军队对人民的一片深情。彭雪枫的信，写在两页用宣纸做成的信纸上，现已发黄。每页信纸长 290 毫米，宽 220 毫米。用毛笔书写的行书小字，秀丽挺拔。全信共有 286 字。

彭雪枫，原名彭修道，1907 年 9 月 9 日生于河南省镇平县七里庄，1925 年 6 月加入中国共产主义青年团，1926 年 9 月转入中国共产党，1930 年起历任中国工农红军大队长、师政治委员、红军大学政治委员、军区政治委员、军委第一局局长、师长、纵队司令员等职。抗日战争时期，彭雪枫历任八路军总部参谋处处长、中共河南省委军事部长、新四军游击支队司令员、抗大第四分校校长、八路军第四纵队司令员、新四军第四师师长等职。1944 年 9 月 11 日，彭雪枫在河南

彭雪枫

省夏邑八里庄指挥作战时壮烈牺牲。

谢老太太一家，为革命作出了重大牺牲。1939 年，谢老太太参加新四军的次子谢继良在河南永城磨山与日军作战时，光荣牺牲。1940年初，谢老太太任新四军第六支队第一总队第三营营长的长子谢继书，在涡阳县新兴集开会返回时，被国民党反动武装杀害。1940 年 6月 1 日，谢老太太毕业于抗大第四分校后任新四军某部第三营第九连连长的小儿子谢继祥，又在与日军的作战中光荣牺牲。谢老太太的老伴谢老先生因过度悲伤，也病逝了。

面对这种情况，彭雪枫提笔写信进行慰问。信上抬头敬称"谢老太太"。他首先称赞谢老太太"三个儿子为了抗日救国英勇牺牲"，是"满门忠烈，留下无上的光荣。全国军民莫不钦敬"。赞扬"老太太教子三人英勇杀敌"如同古代"岳母教育岳飞精忠报国"一样"被人人所赞美"。其次，对"谢老先生因痛伤过度不幸逝世"，表示"很可惋惜"，对留下的四个小孙儿"无人培养"一事，保证"一定帮助教育成人，使他们继承乃父之志"。其三，说明已"特派游历同志代致慰问，并携带法币一百元作为生活日用的补助"。其四，强调"要努力打走日本鬼子，为你的儿子复仇，使你能过安宁的日子"，表示"你有什么问题，我们一定会帮助你的"。最后，郑重地签名、盖章。这封信对谢老太太一家对革命的贡献表示钦敬，深切体谅他们的困难。

新中国成立后，谢老太太一家始终得到人民政府的关怀、照顾，过着幸福的生活。1966 年，烈士谢继书的孙子谢继畴又参军了。1968 年，谢老太太病逝。彭雪枫写给谢老太太的这封慰问信，成为十分珍贵的革命文物，被送到了中国人民革命军事博物馆收藏展出。

新四军军长叶挺在狱中穿过的军衣

叶挺穿过的旧军衣

这是新四军军长叶挺在狱中穿过的军衣。

1941 年 1 月，国民党反动派置民族抗日大义于不顾，发动了震惊中外的皖南事变，叶挺所在部队遭国民党军重兵包围，他指挥部队浴血奋战 8 个昼夜，后在奉派与国民党军交涉时被扣。这位北伐名将从此身陷囹圄。

叶挺被捕后，国民党反动派先后将其囚李村、关上饶、羁桂林、押重庆、进"中美合作所"、

叶挺

软禁恩施。在五年零两个月的囚禁生活里，叶挺面对敌人的威逼利诱，始终坚贞不屈。

为了表示自己坚贞不屈的意志和斗争到底的决心，他决定把头发蓄起来，胡子也不刮，长得长长的，有人劝他理发时，他就严肃地说："不恢复我的自由，就不理发，不刮胡子！"他在囚室的墙上、门板、玻璃窗上写下了"正气压邪气，不变应万变""富贵不能淫，威武不能屈"等字句，以表达自己的心志。

在桂林关押期间，为了补充必要的营养，他让看管特务帮他买了一只奶羊。他每天穿着这件旧军衣牵着奶羊在特务的监视下去野外牧羊。旷野间的清风吹拂着他那自从被捕后从未理过、已经斑白的齐胸须发。

叶挺被囚于重庆渣滓洞期间，用自己的生命和鲜血，写下了《囚歌》这首气壮山河的不朽诗篇：

为人进出的门紧锁着，
为狗爬出的洞敞开着，
一个声音高叫着：
——爬出来吧，给你自由！
我渴望着自由，
但我深深地知道——
人的身躯怎能从狗洞子里爬出！

我希望有一天，
地下的烈火，
将我连这活棺材一齐烧掉，
我应该在烈火和热血中，

得到永生！

叶挺这燃烧着无限激愤的诗句，表达了他宁愿把牢底坐穿，也不肯从狗洞子爬出来的坚强意志。

抗日战争胜利后，几经我党交涉，叶挺终于在 1946 年 3 月 4 日获释，随即重新加入中国共产党。

一个月后，根据党中央的指示，他携妻子由重庆飞延安参加整军会议，不幸中途飞机失事，其妻李秀文、女儿叶扬眉、儿子阿九一并遇难。

这件叶挺生前在狱中穿过的军衣在他出狱后为八路军驻重庆办事处保存，后转给中共中央办公厅保存，1959 年由中国人民革命军事博物馆收藏。睹物思人，叶挺将"在烈火和热血中得到永生"！

八路军副参谋长左权牺牲前写给妻子的信

左权，中国工农红军和八路军高级指挥员、军事家，黄埔军校第 1 期学员，1925 年 2 月加入中国共产党，后在黄埔军校教导团任排长、连长，同年 12 月赴苏联，先后在莫斯科中山大学、伏龙芝军事学院学习。1930 年左权回国后到中央苏区，先后任中国工农红军学校第一分校教育长、新十二军军长，红十五军军长兼政治委员，红一军团参谋长，红一军团代理军团长。

左　权

1937 年全民族抗战爆发后，左权担任八路军副参谋长、八路军前方总部参谋长，后兼八路军第二纵队司令员，协助朱德、彭德怀指挥八路军开赴华北抗日前线，开展敌后游击战争，粉碎日军多次残酷的"扫荡"。

1940 年秋，左权协助彭德怀指挥著名的"百团大战"。1941 年 11 月左权指挥八路军总部特务团进行黄崖洞保卫战，经过 8 个昼夜的激战，以较小的代价歼敌千余人，被中央军委称为"1941 年以来'反扫荡'的模范战斗"。他还是"一个有理论修养同时有实践经验的军事家"，从 1939 年至 1941 年，他撰写了《论坚持华北抗战》《埋伏战术》《袭击战术》《战术问题》《论军事思想的原理》等 40 余篇文章。左权为创建并巩固华北抗日根据地，发展壮大人民抗日武装，为八路军的全军建设，建立了不朽的功勋。

1942年5月，日军对太行抗日根据地进行"铁壁合围"大"扫荡"。5月25日，日军尾随八路军转移路线急追直赶，警卫连与日军展开激战。彭德怀、左权、罗瑞卿决定分路突围，分开作战。左权坚决要求担任掩护断后和带领总直机关、北方局机关和党校突围的重任。日军发现八路军的突围意图后，快速收缩包围圈，地面炮火猛烈，空中飞机轮番轰炸。当天下午2点，左权率领大队人马来到麻田东边的十字岭，大队人马已突围到刚过十字岭的一个山腰，此时还有少量人员挤在一个狭窄的山沟中，就在左权返回十字岭顶峰营救落在后面的同志时，日军发射密集的炮火，一颗炮弹击中了他。左权壮烈殉国，年仅37岁。

左权是八路军在抗日战场上牺牲的最高指挥员。名将阵亡，太行山为之鸣咽，全党为之悲痛。周恩来称他"足以为党之模范"，朱德赞誉他"中国军事界不可多得的人才"，并写诗悼念左权：

名将以身殉国家，

愿拼热血卫吾华。

太行浩气传千古，

留得清漳吐血花。

左权将军牺牲三天前，即5月22日，八路军总部紧急召开战情会议，会议开到深夜。左权开完会后没有休息，俯在油灯下给妻子刘志兰和女儿左太北写下了最后一封信，并托人捎到延安。信中除了表明对抗战的坚定信心外，还洋溢着对妻子的绵绵思念：

志兰！亲爱的：别时容易见时难，分离二十一个月了，何日相聚？念、念、念、念！愿在党的整顿之风下各自努力，力求进步吧！以进步来安慰自己，以进步来酬报别后衷情。

左权在信中对 2 岁的女儿更显示出了慈父的一面：

想来太北长得更高了，懂得很多事了，她在保育院情形如何？你是否能经常去看她？在闲游与独坐中，有时总仿佛有你及北北与我在一块玩着、谈着，特别是北北非常调皮，一时在地下、一时爬到妈妈怀里，又由妈妈怀里转到爸爸怀里来闹个不休，真是快乐。可惜三个人分在三处，假如在一块的话，真痛快极了。

左权将军将毕生精力都贡献给了中国人民的解放事业，并撰写和翻译了大量军事理论文章和著作，但很少谈及自己。他的家书成为抗战时期八路军高级将领家书的代表作，信中除反映出他对世界反法西斯战争和中国抗战时局的高度关注，也体现了他对妻子、女儿思念的亲情和柔情。

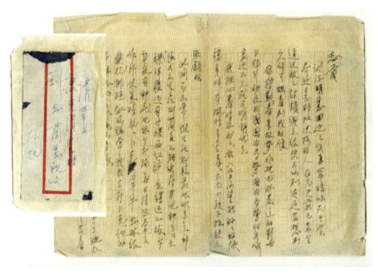

左权牺牲前写给妻子刘志兰的信

人民军队炮兵学校校长朱瑞的"七大"代表证

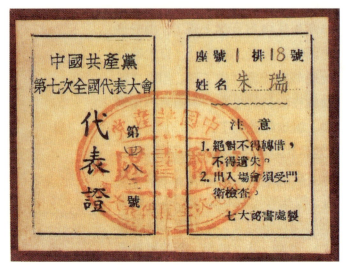

朱瑞的"七大"代表证

这个红色的证件，是被称为中国人民解放军"炮兵之父"的朱瑞于1945年在延安参加中国共产党第七次全国代表大会时的代表证。

朱瑞的"七大"代表证，呈对折的竖长方形，长84毫米，宽60毫米。外用紫红色绫子装潢，内贴一张略小的有文字内容的白纸。打开代表证可以看到，左边框内上方从左至右横书"中国共产党第七次全国代表大会"，成两行；中间竖写"代表证"三个大字；靠右侧有"第四八三号"5个小字。右边框内上方横书"座号1排18号""姓名朱瑞"。下方横写"注意"，内容为："1.绝对不得转借，不得遗失。2.出入场会须受门卫检查。"还有"七大秘书处制"字样，共8行。而在内页中间靠下方的地方，盖有一个横椭圆形的红色印章，长50毫米，宽37毫米。它有宽、窄双缘，字序从右至左，上方为"中国共

产党"，下方为"第七次全国代表大
会"，中间是"秘书处"三个大字。

朱　瑞

朱瑞（1905—1948），江苏省宿
迁县（今宿迁市）人，1905年生于
书香门第之家，1924年加入中国社
会主义青年团，1925年赴苏联，先
后在莫斯科中山大学和克拉辛炮兵学
校学习。1928年，朱瑞加入苏联共
产党，后转为中国共产党，1930年
从炮校毕业回国后，在中共中央军委
和长江局军委工作。

1932年朱瑞来到中央革命根据地，历任中国工农红军总司令部科
长、红军学校教员，红十五军、红三军、红五军团政治委员，红一军
团、红一方面军政治部主任。1934年被选为中华苏维埃共和国中央执
行委员，参加了第四、第五次反"围剿"作战和举世闻名的长征。

全民族抗战初期，朱瑞任中共北方局军委书记和组织部部长，
1939年6月到山东任八路军第一纵队政治委员、中共山东分局书记
等职，领导山东敌后游击战争，1943年12月到延安中共中央党校学
习。他是人民军队中一位卓越的懂炮兵专业技术又擅长政治工作的领
导干部。

1945年4月23日，朱瑞作为军队代表，参加了中国共产党第七
次全国代表大会。此时，当他得知中央要他担任副总参谋长的意图后，
便主动去找毛泽东，要求做炮兵方面的工作，发挥自己的特长。毛泽
东称赞他，不计个人名利，有战略眼光，并要他"放手做，做一个桥
头堡"。不久，他被任命为延安炮兵学校校长。

"七大"以后，朱瑞一直珍藏着这个代表证，全身心地投入到炮兵

部队的建设中去。1946 年 10 月，他担任了东北民主联军炮兵司令员兼炮兵学校校长。1948 年 10 月 1 日上午，在辽沈战役攻打义县的战斗中，朱瑞冒着生命危险，亲自跟随步兵冲到打开的城墙缺口处查看炮击效果，不幸踩响了地雷，英勇牺牲。

　　1959 年，朱瑞夫人潘彩琴将保存多年的朱瑞的"七大"代表证送给了中国人民解放军政治学院。不久，政治学院又将它移交给中国人民革命军事博物馆收藏、陈列。

战斗英雄陈金合与"陈金合机枪"

陈金合机枪

在中国人民革命军事博物馆，收藏着一挺"陈金合机枪"。这件文物传颂着一个壮烈的英雄故事。

1945年8月日本宣布投降后，国民党政府为独占抗战胜利果实，调集军队沿津浦（天津—浦口）、平汉（今北京—汉口）等铁路线北进，抢占大城市和控制交通要道，并准备进攻解放区。

新四军军长陈毅奉中共中央军委命令，以新四军北移部队和八路军山东军区一部组成津浦前线野战军，在津浦路徐州至济南段实施阻击。当时，已进至临城（今薛城）的国民党第九十七军陈大庆部在临城西北角不远处的柏山顶上修筑了一个据点，驻守有300多人。柏山是这一地区的制高点，往西可监视微山湖东广阔的田野，往东可控制贯穿南北的津浦铁路。为了给进犯的国民党军以有力的回击，指挥员选择了在夜间对柏山据点发起攻击。天黑以后，战斗打响了。面对突如其来的进攻，惊慌失措的敌军纷纷退守山顶的大碉堡里，负隅顽抗。困在孤堡中的敌人企图挣扎着等待天亮，以便临城的援兵赶来增援。

陈金合

只有在天亮前解决战斗，才能避免第二天的作战陷入被动。于是，指挥作战的连长当机立断，下令炸掉碉堡。一声令下，机枪、步枪一起开火，打得碉堡内的敌人不敢露头。爆破员拿起沉重的手雷和拉火的绳索冲上去，不一会儿，又从硝烟中拉着绳索跑出来，气喘吁吁地说："行了，拉火吧！"战士们接起绳索用力往后拉，绷紧的绳索抖了一下，便松了下来，根据经验，战士们知道大概拉着火了。可是过了一秒、两秒……一分钟过去了，高大的碉堡仍然黑黝黝地矗立在那里。原来绳子断了。东边的天空已经发白，敌人的增援部队很快就会赶到。

在这紧要关头，机枪班班长陈金合挺身而出，大声说道："连长，那里不是送去个手雷吗？我去拉了它吧！我刚才看地形摸到过碉堡跟前，我熟悉地形。""好！你拿着拉绳去吧，注意安全！"连长焦虑地说。但是，在黑暗中摸索着接好绳子不是件容易的事，眼看天就亮了，时间不等人啊！陈金合激动地说："来不及了，我去用手拉了吧！我是共产党员，我个人牺牲不算什么。"他顺手把头上的帽子摘下来甩给连长，转身向碉堡的方向跑去。连长在后面大声呼喊着："陈金合，一定要接好绳子呀！这是快雷呀！"话音未落，陈金合的身影已经迅速消失在黑暗的烟雾中。

不一会儿，山顶上闪出一片冲天的火光，只听轰隆一声巨响，大地抖动了一下，冰雹似的石块纷纷从高空落下，等到硝烟散尽，那座碉堡已经不复存在了。战士们兴奋地忘记了一切，欢呼着冲了上去。战斗胜利了，却少了机枪班班长陈金合。班长呢？大家猛然想起了什么，也马上清楚了刚才发生的一切。战士们不顾一切地跑回山顶，一起匆忙扒开乱石堆，希望能把班长找回来，但是往哪儿找呢？大家哭喊着："陈班长，陈班长……"陈班长再也不能回到他们中间了。

陈金合在这次战斗中壮烈牺牲的事迹，立即传遍了全军。陈毅司令员在全军的干部大会上宣布："陈金合同志是实际战争的领导者，是彻头彻尾的共产主义的英雄。"并命名陈金合所在的机枪班为"陈金合班"。战友们为了纪念这位英雄的机枪班班长，就把这次战斗中的战利品——一挺机枪命名为"陈金合机枪"。

战斗英雄董存瑞使用过的铁钩

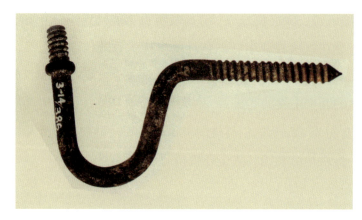

董存瑞使用过的铁钩

这把普普通通的铁钩，是董存瑞少年时期参加民兵自卫队、破坏日军电话线时获得的战利品。

董存瑞，1929 年秋出生在河北省怀来县城东北南山堡的一个贫苦农民家里。1943 年，年仅 14 岁的董存瑞积极要求参加抗日斗争，被推选为南山堡抗日儿童团团长，后来又转为正式民兵。

一天晚上，南山堡民兵队队长领着队伍朝小北川出发了。小北川是敌我交界地带，是向解放区护送干部，运输弹药、粮食、衣物的一条重要通道。敌人为了控制这个地方，先后在这里增设了五个据点。据点间都有电话联系。为了打通这条交通要道，我军主力部队准备拔掉这五个据点。民兵分担的任务是在半个月内，彻底摧毁敌人的通信线路，挖掉敌人的耳目。

董存瑞所在的南山堡民兵队负责小北川上的二堡到头二营这一段。半夜时分，他们赶到指定地点开始行动。大家一齐动手，锯断了十来根电线杆，再拔瓷壶，割电线，卷线圈。不一会儿，民兵们就扛着一卷卷电话线，兴高采烈地回到村里。

可是，第二天，狡猾的敌人又把锯倒的电线杆重新埋起来，架上了新的电话线。民兵们听到这个消息，七嘴八舌地议论起来。董存瑞一直留意大家的发言，很受启发，他脑子一转，也想出几个点子，说："下回咱们割完线再埋上地雷，敌人再来架线，就让他先啃'铁西瓜'！割

董存瑞

电话线捎带消灭鬼子，多好！"大家一致赞成。第二次真的这样做了以后，不但掐断了敌人的通信联络，还炸掉几个查线的鬼子兵，吓得他们好几天都没敢再来。

过了几天，敌人运来电线杆，又架上了新的线路。为了对付鬼子，董存瑞提出可以在土柱上留几个台阶，晚上一下子就上到电线杆顶头，啥都给你拆下来。用不着费劲地拉锯，方便多了。大家觉得这个办法好，于是，在每个土柱上都抠了台阶，然后用泥土巧妙地封上，不留一丝痕迹。

几天后的一个深夜，在敌人苦心架起来的新通信线路上，民兵队伍又摆开了长蛇阵。大家顺着台阶爬到电线杆顶端，割电线，拔瓷壶，又快又利索。转眼间，几里长的线路上，只剩下一根根光秃秃的土柱立在那里。就这样，小北川上的几个鬼子据点被我方主力各个击破，相继拔掉，我们的交通线又恢复了。民兵们也将在行动中使用过的铁

董存瑞炸碉堡（油画）

钩子带回家，妥善地保存起来。

在如火如荼的战争年代，董存瑞迅速成长为一名出色的民兵，后又参加了八路军，并光荣地加入了中国共产党。

1948年5月25日，解放军攻打敌人的据点——隆化中学，董存瑞担任爆破队长。在部队发起冲击的紧要关头，董存瑞手托炸药包炸掉敌人的桥头堡，献出了自己年轻的生命，为部队冲锋开辟了道路。

同年6月8日，中国共产党中国人民解放军第十一纵队委员会做出决定，追认董存瑞为战斗英雄、模范共产党员；命名董存瑞生前所在部队的六连六班为"董存瑞班"。

董存瑞家乡的人民为了永远纪念董存瑞，把他生前用过的铁钩赠送给了中国人民革命军事博物馆收藏、陈列。

地下工作者李白使用过的修理电台工具

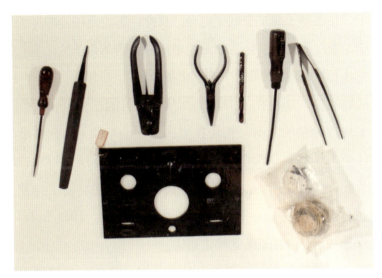

李白使用过的修理电台工具

这是一些电台零件和修理电台用的钳子、镊子、螺丝刀等工具，它们是李白在上海从事党的地下工作时曾经使用过的。

李白，1910 年生于湖南浏阳，1925 年加入中国共产党，1930 年加入中国工农红军，是中国工农红军最早的报务员之一。红军长征时，李白任红军无线电队政治委员。

1937 年起，李白由延安到上海，从事党的秘密电台工作，负责上海

李　白

党组织与党中央的秘密联络。那时的上海，是日本兵、军警、特务与流氓等社会渣滓集中的地方，斗争形势十分险恶。在革命队伍中成长起来并一直在根据地工作的李白，对于这个新的环境很不习惯。但是，他努力适应环境，积极开展地下工作。在中共上海党组织的帮助下，他找了一间房子，并在亭子间里安装了电台。从此，不论是阴冷的冬天还是闷热的夏季，李白都坚持工作，把无线电讯号传到革命圣地延安，同时接受党中央对上海党组织对敌斗争的电讯指示。

抗战胜利后，李白在上海仍坚持从事艰苦的秘密电台工作。无论是在日军侵占时期的上海，还是在国民党统治下的上海，从事秘密的无线电通信工作都是非常危险的，敌人采用各种办法侦听和破坏这项工作。为此，李白先后四次被日本宪兵特工和国民党特工逮捕，受尽了严刑拷打。李白对党无限忠诚，始终坚贞不屈。1949 年 5 月 7 日，上海解放前夕，李白被国民党秘密杀害。

新中国成立后，为了纪念李白烈士，以他为原型拍摄了电影《永不消逝的电波》。电影中李侠对党忠心耿耿、为革命英勇献身的事迹，真实地再现了李白烈士的一生。

李白使用过的修理电台工具及零部件被中国人民革命军事博物馆收藏。

战斗英雄林茂成的一级"人民英雄奖章"

这枚一级"人民英雄奖章"，是华东野战军暨华东军区对战斗英雄林茂成的最高奖赏。奖章为银质，呈八角放射状，对角距离57毫米，一角上有3个小五角星，中心有1个红色五角星，星上标有"1"，表示一级，五角星上方有红色"人民英雄"4个字，下方为"华东野战军奖章"字样，绶带为红色丝绸质，呈倒"圭"形。奖章背面有编号，为"1214"。

林茂成荣获华东一级"人民英雄奖章"

1947年7月，人民解放军华东野战军司令部、政治部公布《关于爱国自卫战争周年纪念颁发"人民英雄"奖章暂行条例》及其《实施细则》，决定颁发"人民英雄奖章"。"人民英雄奖章"分为一、二、三级。林茂成是第一批获得"人民英雄奖章"的著名战斗英雄。

林茂成，山东沂水人，1924年9月出生，1938年10月参加八路军，1940年8月加入中国共产党，历任战士、班长、连长、营长等职。林茂成英勇善战，屡建战功，1944年当选山东军区"乙等战斗英雄"，出席军区群英大会。1947年4月，在泰蒙战役中，他带领爆破组连续4次爆破成功，破除3道障碍，炸开城门，冒着敌人密集的

林茂成

枪弹，率全连迅速夺取了纵深要点。在头部、右肩、双腿负重伤的情况下，他继续指挥战斗，掩护爆破，击退敌人的4次反扑，为后续部队的前进开辟了道路，并和兄弟连队一起攻入国民党军整编第七十二师指挥部。同年5月，华东野战军领导机关授予他"华东战斗英雄"荣誉称号。7月，林茂成荣获一级"人民英雄奖章"。8月，林茂成作为中国解放区青年代表，戴着这枚奖章光荣出席了在捷克斯洛伐克首都布拉格举行的世界第一届民主青年代表大会。回国后，林茂成又带着这枚奖章投入到炮火纷飞的战场，先后参加过洛阳战役、淮海战役、渡江战役等重大战役。

1949年8月，中国人民解放军第三野战军第七兵团进攻浙东沿海大榭岛，打响了解放舟山的第一仗。林茂成在战斗中不幸被敌机扫射，光荣牺牲。

1959年，林茂成的母亲将儿子用鲜血和生命赢得的奖章捐献给中国人民革命军事博物馆永久珍藏。

特级英雄杨根思荣获的奖章和勋章证书

杨根思

　　杨根思，1922 年出生在江苏省泰兴县一个农民家庭里。很小的时候，他就在上海一家工厂做童工，失业回乡后又给地主家做"牛倌"。

　　1944 年，他成为新四军的一名战士。1945 年 11 月，他加入中国共产党。他在作战中机智勇敢，曾在围歼泰安守敌的战斗中，用 18 颗手榴弹夺取制高点；在鲁南郭里集战斗中，3 次把拉雷投到敌地堡前；在齐村战斗中，他连续爆破守敌的碉堡群；在淮海战役第三阶段，他奉命率 1 个加强排攻击夏砦国民党守军，机智地摧毁 1 组暗堡群，还俘虏了近一个排的敌人。他先后多次立功，被评为"战斗模范"，还荣获了"爆破大王""华东一级人民英雄""华东三级人民英雄"等光荣称号。1950 年，杨根思参加了在北京召开的全国战斗英雄代表大会。

1950 年，他参加中国人民志愿军，任志愿军第二十军五十八师一七二团三连连长，率领全连官兵跨过鸭绿江，奔赴朝鲜战场。11 月 27 日，志愿军第九兵团在朝鲜战场东线的长津湖地区向美陆战第一师和步兵第七师发起进攻。至 28 日，将美军分割包围在柳潭里、新兴里、下碣隅里等地。29 日，被围在下碣隅里的美军向南发起攻击，企图配合北攻的美军，共同打通开往古土里的通道。

杨根思奉命率三排坚守位于下碣隅里东南的 1071.1 高地及其东南的小高岭。该高地位置至关重要，是下碣隅里被围之美军向古土里南撤的必经之路。美军在飞机、火炮狂轰滥炸的掩护下，疯狂抢夺高地，炸弹、炮弹、燃烧弹混杂在一起，阵地上硝烟弥漫、烈火熊熊。杨根思沉着指挥，勇敢应战，连续打退数倍于己的美军的 8 次进攻。战至上午 10 时，弹药已经耗尽，他带领战士们用刺刀、枪托、铁锹、石块与美军拼杀，最后全排仅剩两名伤员仍坚守着阵地，而此时，增

杨根思拉燃导火索纵身冲进敌群（油画　张庆涛作）

援部队尚在途中。在这紧要关头，面对蜂拥而至的美军，已负伤的杨根思抱起仅有的一个 5 公斤的炸药包，拉燃导火索，纵身冲进敌群，惊呆的美军还没有回过神来，就在惊天动地的爆炸声中被炸得粉身碎骨。杨根思以年轻的生命和满腔的热血，谱写了一曲革命英雄主义的赞歌。

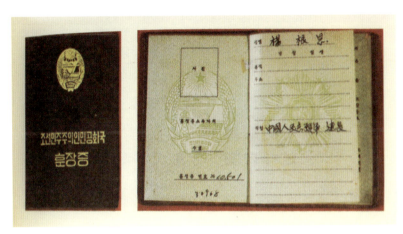

杨根思荣获的一级国旗勋章证书

杨根思荣获的金星奖章

　　为表彰杨根思的英雄精神，志愿军总部给他追记特等功，授予他"特级英雄"称号。朝鲜民主主义人民共和国最高人民会议常任委员会授予杨根思"朝鲜民主主义人民共和国英雄"称号和一级国旗勋章、金星奖章各 1 枚。

　　杨根思烈士荣获的一级国旗勋章、一级国旗勋章证书、金星奖章和金星奖章证书，作为一级文物被中国人民革命军事博物馆珍藏。

英雄号手郑起使用过的军号

在抗美援朝战争第三次战役釜谷里战斗中，有这样一把"神号"，硬是把英国兵吓跑了。

郑起使用过的军号

釜谷里，位于议政府通往汉城的公路上，三面环山，是汉城以北的门户。曾被英国女王命名为"猛虎团"的英军第二十九旅皇家来复枪团装备精良、训练有素，在此守备，企图迟滞志愿军的攻势，掩护临津江防线上溃败的"联合国军"南撤。志愿军第三十九军三四七团于 1951 年 1 月 2 日晚 10 时接到命令：在拂晓前占领釜谷里，切断议政府通往汉城的公路。全团立即展开部署，分 4 路纵队，急行军前进。1 月 3 日凌晨，该团七连兵分两路，秘密接近釜谷里南山，而后以强大的火力，发起攻击，1小时后占领南山阵地。英军不甘心失去这块要地，在坦克和炮火的支援下，分多路向立足未稳的七连发起冲击，企图夺回南山阵地。顷刻间，炮声隆隆，烟雾弥漫，嗖嗖的炮弹使七连指战员抬不起头来。但他们依托弹坑，坚守山头，顽强抗击。激烈的战斗进行得异常残酷，指导员、副连长和几位班长都光荣牺牲了，全连唯一的一挺重机枪也被打坏了。连长鼓励全连战士坚持战斗到最后。顿时，阵地上回响起战士们的誓言："人在阵地在！我与阵地共存亡！"

英军更疯狂的进攻又开始了。连长身负重伤倒在机枪旁。司号员郑起奔到连长身边，对正在为连长包扎的通信员说："你把连长背下去吧！"然而，连长却摇摇头，双眼紧盯着郑起，嘴唇微微颤动，似乎要说什么。郑起明白了，面对着奄奄一息的连长，坚定地表示："连长放心吧！阵地由我负责，只要我有一口气，就要守住阵地！"连长十分吃力地掏出手枪，放心地交给郑起。郑起主动地担起了连长的指挥

志愿军号手吹起冲锋号

重担。他看了一下仅有的 13 名战士，说："同志们！我们连长已经负伤了，现在大家都要听我指挥，我们一定要坚决地守住阵地！"战士们向他投来了信任的目光。郑起迅速将战士分为 3 个战斗小组，分布成三角形，打退了敌人 3 次攻击。子弹打没了，手榴弹甩完了，他们就从敌人的尸体堆里去搜寻枪支弹药，捡回来十几条子弹袋和一大堆手榴弹，挂满了脖子和腰间。

　　战斗进行到下午 4 时，仅剩下 7 个人了。疲惫和饥饿折磨着他们，弹药严重短缺困扰着他们。此时输红了眼的英军又发起更加凶猛的进攻。战士们决心用生命捍卫阵地。战斗又一次打响了，七连将仅有的 1 根爆破筒和几枚手榴弹投出后，有的只是战士们雪亮的刺刀！突然，一颗手榴弹在郑起眼前爆炸，"轰"的一声，郑起身负重伤。"嘀嘀嗒嘀嘀……"郑起急中生智，顽强地站立起来，用足力气，吹响了军号！嘹亮的号声震荡在釜谷里阵地的上空，这号声，迷惑、吓住了敌人，他们以为志愿军开始反冲锋了，纷纷向后撤退。这号声，把敌人从山上一直吹到山下。七连的 7 名勇士，以钢铁般的意志战胜了敌人，坚守阵地一天一夜，卡住了公路，堵住了敌人，赢得了时间。

　　郑起的这把军号为取得战斗的胜利荣立了奇功。今天它仍然号身明亮，作为一级文物保存在中国人民革命军事博物馆里。

志愿军一级英雄贠宝山使用过的水壶

中国人民革命军事博物馆陈列着一个普通的军用水壶。它见证了志愿军某部九连卫生员贠宝山在朝鲜战场上舍身救人的高尚品德和一段非同寻常的战友情。

1951 年 12 月，志愿军某部党委追认贠宝山为中国共产党正式党员。翌年 6 月 25 日，志愿军总部决定追记贠宝山特等功，并授予"一级英雄"称号。朝鲜民主主义人民共和国最高人民会议常任委员会为他追授"一级战士"荣誉勋章。听到这一消息后，曾与贠宝山并肩战斗的二班班长心情久久不能平静，他默默拿出这个水壶，睹物思人，泪水模糊了他的视线。

贠宝山使用的水壶

1951 年 9 月 7 日，贠宝山所在连奉命向中马山发起进攻。战前，贠宝山习惯地摸摸身上的军用水壶，那里装着满满一壶止痛救急水。

战斗打响后，战士们勇猛地向山上的敌人阵地发起冲锋。急红了眼的敌人用猛烈的炮火进行抵抗，很多志愿军战士都负伤了。贠宝山在硝烟炮火中紧急抢救伤员。当他再次背着伤员一路歪斜向山下撤时，突然一梭子曳光弹从山上扫来，两人应声倒下。贠宝山被战友救下山后，发现自己的右腿被子弹打穿了。贠宝山不想让副连长担心，就忍着痛向副连长报告前线的情况。副连长一边听一边仔细地查看贠宝山的伤势，

贠宝山

发现他伤得不轻，于是让他马上下去休息。贠宝山一听就急了，战斗刚刚开始，二班那里还有伤员。他说："我是卫生员，又是共青团员，怎么能离开战斗岗位呢？"他坚决要求留下来参加抢救工作，副连长只好同意。"轰"的一声巨响，铁丝网被炸开了。二班长带领战士们冲了上去。敌人的炮弹不停地在他们周围爆炸，二班长的腿负了重伤，跌倒在山坡上，晕了过去。贠宝山看到这种情景，就忍着伤痛背起红十字挎包跌跌撞撞地冲了过去。可是没跑多远，一颗炸弹在他身边爆炸了。顿时，他感觉天旋地转，摔倒在地，醒来时发现自己的肠子被炸出两米多长。他强忍着伤痛，把它塞进肚子里，用一只手捂着又继续向前爬去。二班长慢慢醒过来，隐隐听到有人在喊他的名字。过了很久，贠宝山才爬到了山顶。他已浑身是血。二班长激动地大声说："你伤得这么重，还来干什么！"贠宝山用微弱的声音说："班长，没事，我伤得不重，还能给你包扎。"但他的手却直打哆嗦，老半天也缠不好绷带。二班长越看越不对劲，便冲着贠宝山喊了起来："你到底伤在哪儿了？"

贠宝山慢慢地说："肠子被打出来了，不碍事。"二班长要为贠宝

"一级战士"荣誉勋章

山包扎，贠宝山说："不用了，我已经把它塞进去了。"二班长听后，鼻子一阵发酸，眼泪几乎要掉下来。他想：我腿上受了伤，还痛得受不了。贠宝山的伤比我重多了，却拼命挣扎着从山下爬上来给我包扎。他每爬一步，要忍受着怎样的剧痛啊？不行，不能再让他包扎了。二班长刚想开口说话，就看见贠宝山费力地从脖子上摘下水壶，慢慢地递到他面前，说："二班长，壶里还有点水，你喝了吧……"此时此刻，水是多么珍贵啊。他受了那么重的伤，却不舍得喝，留着给伤员。一瞬间，二班长强忍着眼泪说："贠宝山，这水我不能喝，你赶快把它喝下去吧！"他的话还没有说完，军用水壶"当"的一声掉在了地上，贠宝山的眼睛永远地闭上了。

贠宝山使用的水壶，现陈列在中国人民革命军事博物馆抗美援朝馆里。

志愿军一级英雄杨连第的"抗美援朝日记"

中国人民志愿军铁道兵第一师第一团一连副连长杨连第生前记录战斗历程的"抗美援朝日记"和在抢修工地上使用的三角板、三八式步枪以及朝鲜民主主义人民共和国授予他的金星奖章、一级国旗勋章，作为珍贵文物收藏在中国人民革命军事博物馆里。

杨连第，1919 年生，天津市北仓镇人，1949 年 2 月参加中国人民解放军，曾获"登高英雄"称号。杨连第于 1950 年 10 月参加中国人民志愿军入朝参战，

杨连第

1951 年 3 月加入中国共产党，同年 9 月出席全国铁道英雄模范代表会议，10 月应邀列席中国人民政治协商会议第一届全国委员会第三次会议。

1951 年初，杨连第所在志愿军铁道兵部队到达沸流江边。此时，前方急需大量弹药，可沸流江大桥已被敌机炸断了。为此，上级命令铁道兵在 7 天内修复大桥。杨连第所在连队接受任务后，仔细观察敌机空袭规律，提出乘敌机空袭间隙白天抓紧抢修，比起夜间抢修，会大大提高效率。领导批准后，杨连第带领 8 名同志开始入朝以来的第一次白天抢修。当 4 架敌机出现在上空时，他指挥其他同志隐蔽，自己仍在桥上工作。在杨连第带领下，工程的进展加快了，提前 3 天修复大桥。江岸上堆积的粮食、弹药等物资又源源不断地通过大桥运往前线。

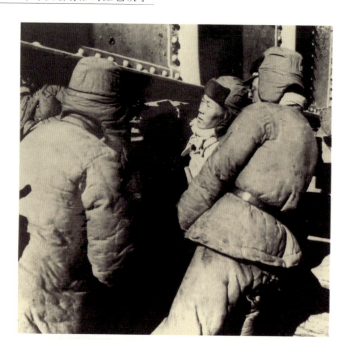

杨连第（左二）和战友们在抢修大桥

7月，杨连第所在部队转战到清川江大桥担任抢修任务。清川江大桥是满浦、平壤铁路线上的重要桥梁，战争所需要的粮弹、武器不分昼夜地通过这里运往前线。上级命令一连用8天时间完成修复任务。杨连第奉命带1个排执行此项任务。这时团部命令，调杨连第连到对岸协助二连搭浮桥。杨连第与二连的同志们一起研究搭浮桥的办法。他提出的"搭吊桥"的建议被采纳，之后，他便与战友们连续奋战30

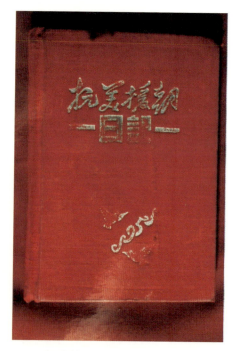

杨连第的"抗美援朝日记"

余个日日夜夜，先后搭浮桥 12 次，克服了 40 年未遇的罕见洪水，创造出修桥史上前所未有的钢架浮桥的奇迹，使中断的清川江大桥恢复通车。

1952 年 5 月 15 日，杨连第带领战士们在清川江桥上检修时发现新修的第三孔钢梁移动了 5 厘米，立即派人抬来压机准备移动钢梁。正在他带领人员起重钢梁时，一枚定时炸弹爆炸，弹片击中他的头部，他壮烈牺牲，年仅 33 岁。

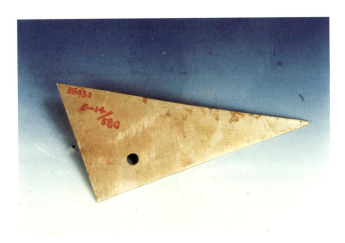

杨连第生前使用的三角板

杨连第荣获的一级国旗勋章

　　杨连第牺牲后，中国人民志愿军领导机关为他追记特等功，追授他"中国人民志愿军一级英雄"称号。杨连第生前所在连被命名为"杨连第连"。1953 年 6 月 25 日，朝鲜民主主义人民共和国最高人民会议常任委员会追授他"朝鲜民主主义人民共和国英雄"称号，同时授予他金星奖章、一级国旗勋章。

志愿军一级爱民模范罗盛教荣获的勋章

中国人民志愿军第四十七军第一四一师侦察连文书罗盛教，在平安南道成川郡石田里为抢救朝鲜落水少年英勇献身。

罗盛教

1952 年初的朝鲜北方，天寒地冻，气温降到零下 20℃以下。1 月 2 日晨，朝鲜少年崔莹在栎沼河上滑冰，不慎摔倒，冰面破裂后，掉进近 3 米深的冰窟窿里，一瞬间就没了影。出早操归来的罗盛教见此情景，像接受战斗命令一样，毫不犹豫地冲上去。他边跑边脱掉棉衣，纵身跳进冰洞，潜入水下寻人。在刺骨的冰水中，罗盛教一连两次沉入水底，摸到崔莹，几次用力把他托出水面，只因冰洞四周的冰层太薄，崔莹无法爬上去，又掉进冰水中。罗盛教第三次潜入水底摸住崔莹，双脚蹬住河底的碎石，使出最后的一点力气，用头将崔莹顶出水面，战友赶来协助。崔莹得救了，罗盛教却被冰水冲到远处的冰层下，再也没有出来。

罗盛教勇救朝鲜少年崔莹（绘画）

罗盛教冰下救崔莹的消息传出后，石田里 20 多户群众像失去亲人一样痛哭不已，他们用朝鲜人民最隆重的葬礼安葬了罗盛教。

1952 年 2 月，中国人民志愿军领导机关给罗盛教追记特等功，追授他"中国人民志愿军一级爱民模范"称号。同年 4 月，中国新民主主义青年团中央委员会追授他为"模范青年团员"。

1953 年 6 月，朝鲜民主主义人民共和国最高人民会议常任委员会授予罗盛教一级国旗勋章、一级战士荣誉勋章。

罗盛教牺牲后，朝鲜人民为他修建了纪念碑。朝鲜劳动党总书记、朝鲜民主主义人民共和国内阁首相、朝鲜人民军最高司令官金日成亲自为纪念碑题词："罗盛教烈士的国际主义精神与朝鲜人民永远共存。"

朝鲜政府和人民为了永远纪念罗盛教，将石田里改名为"罗盛教

罗盛教荣获的一级国旗勋章　　　　罗盛教荣获的一级战士荣誉勋章

村"，将栎沼河改名为"罗盛教河"，将安葬罗盛教烈士的佛体洞山改名为"罗盛教山"，在山上修建了"罗盛教亭"和罗盛教纪念碑，碑的正面刻着：不朽的国际主义战士罗盛教之墓。当地人民群众及被罗盛教救起的崔莹经常到烈士墓前祭扫，寄托哀思，永志不忘。

罗盛教塑像与金日成题词

神枪手李景禄记录战功的皮带

李景禄记录战功的皮带

这是一条普通的皮腰带，志愿军某部机械连战士李景禄却赋予它一种特殊的功能——记录杀敌数量。这条钻有 64 个小孔的皮带正是李景禄记录杀敌数用的"本子"，它真实地记录了神枪手李景禄的战功和他冷枪杀敌的一段不平凡的经历。

1952 年 5 月至 8 月，仅 3 个月的时间，志愿军开展冷枪战，歼敌 1.36 万余人，不仅大量地杀伤了敌人的有生力量，还有效地限制了敌人白天在其阵地的活动。当时志愿军阵地上流传着这样一首歌："冷枪战，冷枪战，冷枪打得敌胆寒。你也打来我也打，今天俩，明天仨，加起来就是一个歼灭战！"

这一作战方法在阵地上广泛开展后，志愿军内涌现出许多冷枪杀敌能手。著名神枪手李景禄就是其中之一。志愿军开展冷枪杀敌活动后，李景禄苦练杀敌本领，在 100 多天的防御战中，先后消灭敌人 71 个。为记数方便，李景禄就用皮带当"笔记本"，每打死一个敌人，就在皮带上面钻一个孔。现在这条皮带上一共有 64 个孔。他在生命的最后时刻消灭了 7 个敌人，还未来得及在皮带上钻孔记数，就遭敌人炮击而光荣牺牲。

如今，这条皮带作为一级文物被陈列在中国人民革命军事博物馆里。

志愿军开展冷枪战歼敌活动

志愿军一级英雄杨春增与杨春增排锦旗

1952 年 8 月 5 日晚，志愿军第十二军三十五师一〇四团四连，向守卫在江原道金城座首洞东南无名高地的南朝鲜军首都师第二十六团十一连发起进攻。在强大炮火的支援下，四连一排和八班迅速突破敌军防线，攻占 541 高地，全歼守军 1 个排。

杨春增 （画像）

此后，敌军不断进行反扑。次日拂晓，一排撤出战斗，三排副排长杨春增奉命率九班及卫生员、电话员等 8 人，坚守 541 高地。为巩固阵地，杨春增指挥战士们冒着敌军的炮火抢修工事，准备打击敌军的反扑。天刚亮，敌军开始放炮了，炮弹越来越密，阵地上土石乱飞。炮火稍停后，敌军三五成群地往上爬，发动了一次又一次反扑，被打退后，又发起了集团冲锋。杨春增率队从早上激战到下午 3 时，打退数倍于己的敌军的 14 次反扑，毙伤其 200 多人。激战到 6 日黄昏，阵地上只有杨春增和卫生员两个人了，手雷也只剩下一颗。这时百余名敌军又蜂拥而至。在这紧急关头，杨春增对卫生员说："你快到那边去找点弹药来。"卫生员走后，他抱起最后一颗反坦克手雷，奋勇冲入敌群，拉开雷管。只听一声震天动地的巨响，卷起浓厚的烟柱，杨春增与 10 多名敌军同归于尽。阵地保住了，杨春增壮烈牺牲。在杨春增英勇献身精神的激励下，四连与敌军反复争夺 4 天，打退敌军近 30 次反扑，毙伤俘敌 600 余人，荣立集体一等功。

1952 年 11 月，中国人民志愿军领导机关为杨春增追记特等功，追授他"中国人民志愿军一级英雄"称号。志愿军某部党委追授他

中国人民第三届赴朝慰问文艺工作团赠给杨春增排的锦旗

杨春增荣获的金星奖章

"中国共产党模范党员"。1953年6月，朝鲜民主主义人民共和国最高人民会议常任委员会追授他"朝鲜民主主义人民共和国英雄"称号，同时授予他金星奖章、一级国旗勋章。

1953年10月，中国人民第三届赴朝慰问团的文艺工作者来到志愿军第十二军三十五师一〇四团四连慰问时，为杨春增和他的战友们的英雄行为所深深感动，特制了一面锦旗，上书"战功卓著"，献于杨春增排。

这面锦旗，连同杨春增的金星奖章、一级国旗勋章，一并陈列于中国人民革命军事博物馆里。

志愿军一级英雄伍先华荣获的勋章

中国人民志愿军第十二军三十四师一〇〇团二连三班班长伍先华，在抗美援朝战争战术性反击战中，肩扛炸药包，冲进敌坑道，拉响导火索，为部队前进开辟了道路。

伍先华　（画像）

伍先华，1927 年生，四川省遂宁县金马乡人，1949 年 12 月参加中国人民解放军，1950 年 8 月加入中国新民主主义青年团，1951 年 3 月参加中国人民志愿军，入朝作战。

1952 年秋，志愿军在江原道金城郡官岱里以西开展反击战，伍先华所在连担负着出击 720 高地和 74 号阵地的任务。伍先华为班长的三班奉命炸毁敌人的半截坑道。这半截坑道位于敌人的 720 高地南端，其附近暗堡林立，控制着 720 高地和 74 号阵地之间几十米的洼地和 74 号阵地的山腰，对志愿军攻击部队构成很大威胁。

伍先华带领全班战士连夜出发，察看敌军各个火力点的位置，确定了进攻的路线和目标，又根据敌军地堡的大小，捆了许多不同型号的炸药包，等待出击的命令。

9月29日下午5时，激烈的战斗打响了。随着炮火的延伸，伍先华率领三班战士迅速占领了720高地，控制了制高点，而后直击洼地。但接近半截坑道的道路被从坑道附近的4个地堡里射出来的密集火力封锁住了。一群敌军从坑道钻出来，向720高地反击。伍先华率战士用自动步枪、手榴弹打退一股又一股冲上来的敌军，守住了阵地。

战斗在激烈地进行着。这时，三班只剩下伍先华和两名战士了。可敌军从坑道里、地堡里不停地射出密集的子弹，死死封住志愿军突击部队冲锋的道路。伍先华立即命令战士罗亚全："你去爆破地堡，我掩护。"罗亚全抱起炸药包，向敌军地堡的右侧爬去。敌军的两道火舌，立即对准了罗亚全。此时，伍先华猛烈地向敌军地堡开火，把两道火舌吸引过来。伏在地上的罗亚全借机爬到敌军地堡群前。随着两声巨响，地堡升起了浓烟烈火。伴随着敌军地堡的爆炸声，志愿军突击部队发起冲锋，满山遍野响起了喊杀声。此时，半截坑道敌军的重机枪又扫射过来，成了突击部队前进路上的大障碍。伍先华抱起一个10公斤重的大炸药包，跃身冲进火网，向半截坑道口冲去。突然，一串曳光弹扫来，伍先华负了重伤，但他毫不犹豫地拖着负伤的身子，忍着剧痛吃力地向前爬。在距半截坑道只有几米时，他一跃而起，冒着敌人密集的火力，扛着炸药包，奋不顾身地冲进敌坑道，在敌群里拉响了导火索。一声震天动地的巨响，炸死敌军40多人，伍先华也壮烈牺牲。突击部队乘机发起冲锋，攻占阵地，全歼守敌1个加强连。

1952年11月2日，中国人民志愿军领导机关为伍先华追记特等功，追授他"中国人民志愿军一级英雄"称号。中国人民志愿军政治部追授伍先华为"模范党员"。

1953年6月25日，朝鲜民主主义人民共和国最高人民会议常任委员会追授伍先华"朝鲜民主主义人民共和国英雄"称号,同时授予他金星奖章、一级国旗勋章。伍先华荣获的奖章、勋章现都珍藏在中国人民革命军事博物馆里。

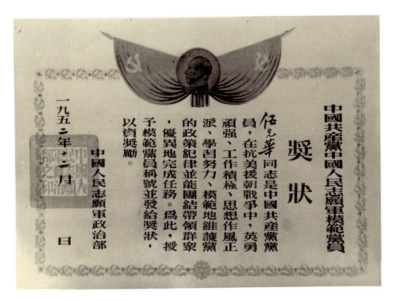

中国人民志愿军政治部追授伍先华为"模范党员"的奖状

伍先华荣获的一级国旗勋章

志愿军一级英雄邱少云荣获的锦旗

这是四川军区司令部、政治部献给邱少云家乡的一面锦旗，上书"伟大人民的战士　英雄不朽的功绩"，以示对烈士家乡的感激之情。

1952 年 10 月 12 日，志愿军第十五军在铁原东北 391 高地开展的反击战打响了。391 高地位于铁原东北 10 公里处，山势险要，由南朝鲜军 1 个加强连驻守，是其安在志愿军前沿阵地的一个"钉子"。拔掉这个"钉子"不仅可以改善志愿军第十五军的防御态势，而且可以对敌军前沿构成威胁。从志愿军前沿阵地到 391 高地，地势较平缓，中间有 3000 米的开阔地，难以构筑坑道。为了缩短部队冲击距离，使战斗发起具有突然性，第二十九师第八十七团组织 500 名战士，在 11 日夜间隐蔽潜伏在距敌军只有 60 米的草丛中，邱少云就是其中的一名战士。

四川军区司令部、政治部献给
邱少云家乡的锦旗

12 日中午 12 时，突然飞来 4 架敌机，在潜伏区投下几颗燃烧弹。有一颗落在离邱少云两米远的地方，四散飞进的燃烧液溅到他的腿上。伪装烧着了，火苗往上冒，顿时火团把他包围了。邱少云身后有一条水沟，只要后退几步，在泥水中打个滚，身上的烈火就可熄灭。但他深知，这样会被山顶的敌军发现，暴露目标。为了不暴露部队的行动意图，也为了 500 名战友的生命安全及整个战斗的胜利，他严守潜伏纪律，在烈火烧身时，不扑火，不呼救，坚定地趴在地上，忍着剧痛，咬紧牙关，一声不吭，岿然不动。至下午 5 时，已经潜伏了 19 个小时的第三营在炮火支援下，突然向敌军发起冲击，经 40 多分钟战斗，攻占了 391 高地，全歼敌军 1 个加强连。邱少云为这次反击战的最后胜利，在持续燃烧的烈火中献出了年轻的生命。

在烈火中燃烧的邱少云（油画）

为表彰邱少云崇高的集体主义精神和顽强的革命意志，中国人民志愿军领导机关于 1952 年 11 月 6 日给他追记特等功。1953 年 6 月 1 日追授他"中国人民志愿军一级英雄"称号。同年 6 月 25 日，朝鲜民主主义人民共和国最高人民会议常任委员会授予他"朝鲜民主主义人民共和国英雄"称号，同时授予他金星奖章、一级国旗勋章。在 391

高地主峰石壁上刻有"为整体、为胜利而自我牺牲的伟大战士邱少云同志永垂不朽"的碑文。

中国人民赴朝慰问团文艺工作团赠给特等功臣邱少云烈士的锦旗上写道："献给中国人民志愿军伟大战士邱少云永垂不朽！"志愿军第十五军全体指战员献给邱少云烈士家属的锦旗上写道："祖国人民的光荣。"四川省人民政府和四川省抗美援朝分会给邱少云烈士家属的锦旗上写道："光荣之家。"这些锦旗连同四川军区司令部、政治部给邱少云烈士家乡敬献的锦旗，全都作为文物陈列在中国人民革命军事博物馆里。

志愿军特级英雄黄继光的背包等遗物

　　中国人民革命军事博物馆陈列着志愿军第十五军四十五师一三五团二营六连通信员黄继光的遗物，有他生前使用过的日记本、水壶、背包等。

黄继光的日记本、背包

　　1952 年 10 月 14 日，美军开始向江原道金化郡上甘岭 597.9 高地和 537.7 北山高地发动疯狂进攻。上甘岭位于五圣山上，是志愿军中线的大门，也是扎进敌军心窝的一把钢刀。在不到 4 平方公里的高地上，美军动用两个师的兵力，在飞机、坦克、大炮的配合下，连续发动进攻。志愿军与敌军展开了激烈的争夺战。

　　10 月 19 日晚，黄继光所在的第二营奉命向上甘岭右翼 597.9 高地反击，必须在天亮前占领〇号阵地，为整个反击战的胜利奠定基础。美军设在山顶的集团火力点，压制住志愿军反击部队，使其不能前进。营参谋长命令六连组织爆破组炸掉它。六连向敌军发起 5 次冲锋，未能摧毁敌军火力点。这时离天亮只有 40 多分钟了。看着一个又一个战友倒下去，站在营参谋长身旁的通信员黄继光坚决地请战。黄继光接受任务后，立即提上手雷，带领两名战士向敌军的火力点爬去。当离敌军火力点只有三四十米时，一名战士牺牲，另一名战士负重伤。黄继光的左臂被打穿，血流如注，但他仍然一步不停地向敌军火力点靠近。在距敌军火力点八九米的时候，他举起右手将手雷接连投向敌

黄继光

军，但由于火力点太大，只炸毁了半边。未被炸的两挺机枪，又从残存的射击孔里伸出来，拼命地扫射着，志愿军反击部队的冲锋受到阻拦。这时，黄继光再次负伤倒下。天就要亮了，黄继光在身边已无弹药、身体又多处受伤的情况下跃身而起，冲着敌军狂喷火舌的枪口，挺起胸膛，张开双臂，扑了上去。霎时，敌军正在喷吐的火舌熄灭了。黄继光用年轻的生命开辟了胜利前进的道路。担负攻击任务的部队高喊着"冲啊！为黄继光报仇！"踏着黄继光的足迹，很快占领了〇号阵地，全歼守军两个营。

为表彰黄继光视死如归、英勇牺牲的革命精神，中国人民志愿军领导机关为他追记特等功，追授"中国人民志愿军特级英雄"称号。中国共产党志愿军第十五军委员会在追认他为"模范团员"的同时，追认他为中国共产党党员。

1953 年 6 月 25 日，朝鲜民主主义人民共和国最高人民会议常任委员会追授他"朝鲜民主主义人民共和国英雄"称号，同时授予他金

星奖章、一级国旗勋章。黄继光的金星奖章、一级国旗勋章，他生前用过的日记本和背包等遗物陈列在中国人民革命军事博物馆。

黄继光扑向敌人的碉堡　（油画　张赞作）

黄继光荣获的一级国旗勋章

志愿军一级英雄胡修道的慰问信与奖章

胡修道

1952年11月5日，在上甘岭战役中，21岁的新战士胡修道和班长等3人坚守在597.9高地的一个阵地上，敌军200多人蜂拥般向他们冲来。在兵力悬殊的情况下，他们沉着应战。当敌军离阵地前沿还有三四十米时，胡修道奋力投出几根爆破筒，班长也扔出几枚手雷，炸倒七八十个敌人，其余敌军连滚带爬地逃下山去。不久，班长奉命调往9号阵地。他们冒着敌军密集的炮火，又打退小股敌军的多次冲击。这时，成群的敌军快要爬上左侧不远的10号阵地，情况十分危急。胡修道果断与战友滕士生带着手榴弹前去抗击，打退了敌军。在战友滕士生负了重伤，敌军又有约两个营的兵力扑上来时，胡修道一

全国各地群众给胡修道的慰问信（部分）

胡修道荣获的金星奖章

人坚持战斗，奋不顾身地把手榴弹、手雷一个接一个地向敌军投去，最终将敌军打退，守住了阵地。在此次战斗中，胡修道连续打退敌军41次冲击，歼敌280余人，创造了战争史上的奇迹。

胡修道的英雄事迹传到国内后，赞颂信像雪片一样，从祖国的四面八方飞向朝鲜前线。人们一致赞扬胡修道的英雄行为，表示要以他为榜样，做好本职工作。这些信件作为珍贵文物收藏在中国人民革命军事博物馆。

为表彰胡修道孤胆歼敌的英雄事迹，弘扬他的革命英雄主义精神，中国人民志愿军领导机关于1953年1月15日为他记特等功，授予他"中国人民志愿军一级英雄"称号。同年6月25日，他出席了朝鲜民主主义人民共和国全国战斗英雄代表会议。朝鲜民主主义人民共和国最高人民会议常任委员会授予他"朝鲜民主主义人民共和国英雄"称号，同时授予他金星奖章、一级国旗勋章。他的金星奖章、一级国旗勋章作为一级文物被中国人民革命军事博物馆收藏。

志愿军一级英雄许家朋荣立特等功的事迹材料

许家朋荣立特等功的事迹材料　　　　　　许家朋

　　这份周边已经破损，纸面发脆、发黄的许家朋的事迹材料，是1953 年志愿军政治部在朝鲜举办志愿军事迹展览时从许家朋所在部队征集来的，后移交中国人民革命军事博物馆收藏，至今已有 70 多年历史了。

　　1953 年 7 月 6 日夜，许家朋所在部队在铁原以西石岘洞北山向美军第七师发起反击作战。石岘洞北山是美军重点守备的要点。志愿军曾三次发起攻占，均撤离。当夜，天下着雨。许家朋所在的突击连 w

冒雨向美军两个步兵连与一个火炮连防守的石岘洞北山主峰、次峰发起进攻。当许家朋所在的突击排向主峰攻击时，为敌军暗堡猛烈的机枪火力所阻，伤亡不断增加。前往进行爆破的战友爆破未成，英勇牺牲。这时，许家朋从牺牲的爆破手身边捡起炸药包，奋勇地向敌暗堡扑去。在距敌暗堡 10 米处，他的两腿被炸伤，他仍顽强地夹着炸药包爬进。当他进抵敌暗堡时，因炸药包被雨淋，爆破没有成功。他拖着伤腿绕暗堡爬行，寻找暗堡入口。在找不到入口的情况下，为争取时间，他猛然站立起来，纵身扑向敌暗堡，双手紧握敌机枪，胸膛紧抵枪口，整个上身都钻进了暗堡的枪口内，阻止敌人机枪扫射，保证了突击部队迅速攻占北山主峰，全歼守敌 100 余人，而许家朋却献出了自己年轻的生命。

为表彰许家朋，1954 年 2 月 15 日，中国人民志愿军领导机关给他追记特等功，追授他"中国人民志愿军一级英雄"称号。同年 5 月 24 日，所在部队党委追认他为"中国新民主主义青年团模范团员"，并根据他生前的申请，追认他为中国共产党党员。朝鲜民主主义人民共和国最高人民会议常任委员会追授他"朝鲜民主主义人民共和国英雄"称号。

志愿军一级英雄李家发荣获的金星奖章

1953 年 7 月 13 日夜，志愿军夏季反击战役在金城川前线全面展开。李家发所在的一连担当攻夺轿岩山主峰的战斗任务。攻击部队翻过了 133 号阵地，李家发腿部负伤，为了紧随部队，他索性坐在地上，身子一仰，连滑带溜滚了下去。转眼冲到黄山包底，战士们顺着鱼脊形山往上爬，炸开一道一道铁丝网，眼看就要接近黄山包顶（即 166 号阵地）时，敌人的一道道火舌直向战士们射来。排长负了重

李家发（画像）

伤，班长代理指挥。班长发现山包中央有一个大的地堡，正以密集的火力阻挡前进的道路，便大喊一声："快去炸开它！""我去！"李家发挺身而出。他带着炸药和手榴弹，闪开敌人正面机枪的火力，纵身向前跃进。蓦然间，红光一闪，一颗手榴弹爆炸了，左侧那挺机枪不叫了。战士们从闪光中看见勇敢机智的李家发，正拖着受伤的腿向敌人的侧翼行动。这时，中间那个地堡的重机枪打得更凶了。李家发在战火中将手榴弹"送"给了那个中间的地堡，把它炸哑了。

指挥所督促一连迅速前进的信号一个接一个升向天空。每个战士都知道，大部队正在等待他们拿下轿岩山主峰。这时，李家发左腿被子弹打穿，身体多处负伤。他仍顽强地把最后一颗手榴弹投向敌军主地堡。随着一声巨响，敌军主地堡被炸，李家发却昏迷了过去。突击

李家发荣获的金星奖章

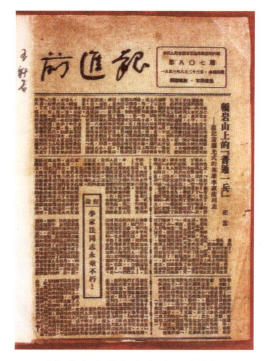

刊载李家发英雄事迹的《前进报》

部队乘机发起冲锋。此时，敌军暗堡中的一挺机枪又疯狂地扫射起来。部队进攻受阻，几经组织爆破还是没有成功。正在这万分危急的时刻，李家发从昏迷中惊醒过来。他凭借最后的力气，挺身扑向敌人的暗堡，用胸膛堵住敌人机枪射孔。进攻部队在李家发扫清的前进道路上，迅速向轿岩山主峰进攻，把胜利的红旗插上了主峰峰顶。

1953年9月，中国人民志愿军领导机关给李家发追记特等功，追授他"中国人民志愿军一级英雄"称号。所在部队党委根据他生前的申请，追认他为中国共产党党员。朝鲜民主主义人民共和国最高人民会议常任委员会追授他"朝鲜民主主义人民共和国英雄"称号，同时授予他金星奖章、一级国旗勋章。

当年刊载李家发英雄事迹的《前进报》也作为珍贵文物在中国人民革命军事博物馆陈列展出。

空军战斗英雄杜凤瑞的请战书

　　杜凤瑞，1933 年出生于河南省方城县，1948 年参加中国人民解放军。1952 年 3 月，部队党组织决定派杜凤瑞去学习飞行。这对于还算是文盲的他来说，困难可不少！1955 年夏天，他以全优的成绩，成为一名年轻的飞行员，并加入了中国共产党。

杜凤瑞

　　1958 年夏，台湾当局不断叫嚷"反攻大陆"，全军进入了紧张的战备状态。当年 9 月 4 日，杜凤瑞郑重地向党组织递交了请战书：

　　我听首长动员之后，心里热血沸腾，我坚决要求党委、支部批准我第一批赴前线参战。到前线后，我向党和首长保证：1. 响应党的号召，克服困难，放下个人问题，争取首战告捷，立第一战功。2. 虚

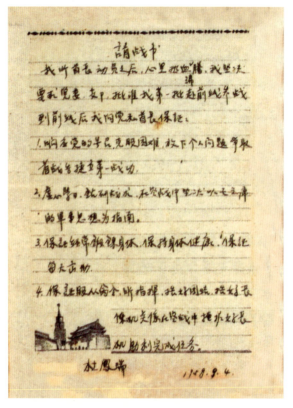

杜凤瑞的请战书

心学习、钻研战术，在空战中坚决以毛主席的军事思想为指南。3.保证经常锻炼身体，保持身体健康，保证每天出勤。4.保证服从命令、听指挥，搞好团结，搞好长僚机关系，在空战中掩护好长机胜利完成任务。

　　不久，杜凤瑞所在的部队奉命入闽作战。1958年10月10日凌晨，塔台上挥起了"一等准备"的红旗，接着2颗绿色信号弹升上天空。6架国民党空军F-86型飞机窜犯福建。杜凤瑞和他的战友们立即驾驶战机，冲上蓝天。天空中顿时炮声隆隆。驾驶4号机的杜凤瑞跟随长机向左前方的敌机勇猛冲击。正当长机咬住一架敌机时，3架敌机从云层中钻出，扑向长机，情况万分危急。杜凤瑞一面提醒长机摆脱敌机的攻击，一面猛推舵杆，直逼咬住长机最紧的敌机，射出一串炮弹。敌机见状仓皇逃开。长机终于脱离了险境。可是，杜凤瑞却陷入了 4 架敌机的包围中。他丝毫没有畏惧，盯准一架敌机，狠狠开炮，敌机立即中弹坠落。杜凤瑞接着驾驶战机飞起爬高。突然，右后方一架敌机向他开了炮。杜凤瑞的飞机剧烈抖动了几下，机尾中弹冒出了黑烟。在这紧急关头，杜凤瑞突然来了个"空中刹车"。偷袭的敌机一下子冲到了前面，成了挨打的靶子。杜凤瑞瞄准敌机，一阵猛打。狡猾的敌机躲开了杜凤瑞的炮弹。杜凤瑞不顾飞机随时都有坠落爆炸的危险，死死咬住敌机，从 12000 米的高空，一路以最大速度俯冲，下降高度到 6000 米、4000 米……离对方越来越近，两架飞机眼看就要撞上了，杜凤瑞沉着地按下了炮钮，"轰！"敌机立刻在他前面爆炸了，杜凤瑞又打下了一架敌机。与此同时，杜凤瑞的飞机由于损坏严重，失去控制，打着旋向地面坠落。杜凤瑞只得拉下跳伞开关，离开了心爱的战机。他刚刚跳出座舱，战机就轰然爆炸了。杜凤瑞的降落伞徐徐降落。一架敌机飞来，突然开炮杀害了跳伞降落中的杜凤瑞。杜凤瑞英勇、无畏地走完了他 25 岁的年轻生命路程，践行了自己的誓言。

为了表彰杜凤瑞的功绩，空军政治部于当年 11 月 27 日给他追记一等功，号召空军全体指战员学习杜凤瑞英勇顽强的战斗作风和舍己为人的高尚品格。

1962 年，杜凤瑞的"请战书"作为珍贵的革命文物，被空军转送至中国人民革命军事博物馆收藏。

第三篇

功勋武器

功勋武器都是在革命战争年代或在新中国成立后的革命战争中立过功或有特殊贡献的兵器。这些兵器沐浴了战争的硝烟，经过了战火的洗礼，为夺取革命战争的胜利，做出了重要的贡献。它们见证着革命战争的历史，其背后都有一些动人的故事。

"北伐名将"叶挺使用的指挥刀

叶挺在北伐战争中使用的指挥刀

陈列在中国人民革命军事博物馆的这把指挥刀，长约1米，刀把儿由铜、玉合制而成，上面镌刻着精美的梅花图案，刀鞘虽然锈迹斑斑，但是刀身依然锃亮。这把指挥刀的主人，就是北伐名将、国民革命军第四军独立团团长叶挺。

1926年7月，在中国共产党的推动和影响下，国共合作，开始了讨伐北洋军阀的革命战争。是年5月20日，由共产党人直接掌握的武装——国民革命军第四军独立团作为北伐先遣队，挺进湖南，揭开了北伐战争的序幕。共产党员叶挺担任该团团长，该团也被人们称为"叶挺独立团"。

6月1日，叶挺身佩这把指挥刀率部抵达湘南安仁。粤军谢文炳部即以4个团的兵力进占碌田，企图乘独立团立足未稳，攻占安仁。当时，北伐军后续部队尚未离开广东驻地，独立团孤立无援。但为稳住战局，助力广东主力进入湘南要地，叶挺率领全团于6月3日拂晓对碌田之敌发起攻击。战前，叶挺对各营长说："我们是人民的武力，又是北伐的先遣队，我们不但代表了广东革命军，而且代表了中国共

叶挺和叶挺独立团团部旧址

产党。这是第一次打仗，我们一定要打胜。"随后，他指挥部队猛打猛冲，奋勇杀敌。当日 11 时将正面之敌击溃后，又于翌日乘胜追击，进占攸县。是时，前面为强大的敌军，后面却无自己的援兵，但是为了确保北伐军后续部队进入湘南之通道，叶挺下令拆掉我方可以后退的浮桥，决心与敌血战到底。独立团以大无畏的英雄气魄，吓得当面之敌再也不敢贸然进攻。8 月 26 日，叶挺独立团作为北伐军的"尖刀团"，投入了汀泗桥战役。独立团在友军正面受阻时，奉命从右侧迂回

反映叶挺独立团在北伐战争中英勇作战的油画

包抄吴佩孚部。行至古塘角附近，独立团出其不意，从敌之侧前后夹攻，击溃敌军，占领汀泗桥，攻克了这座鄂南第一门户。接着，叶挺独立团乘胜追击，夺取了咸宁城。

8月30日，北伐军开始攻打贺胜桥，叶挺独立团担任第一线主攻。此战吴佩孚亲临督阵，依仗兵力火力强大，吴佩孚部顽强抗击。为了战役的顺利发展，叶挺指挥部队连续作战，乘吴佩孚部喘息未定之际，勇猛冲击，直插敌人纵深阵地，完成中央突破任务。叶挺在孤军前冲、三面受敌的情况下，又指挥部队接连突破野牛都山、铁路桥等敌军阵地，与敌展开激烈的肉搏战。吴佩孚见状仓皇逃跑。其数万北洋军被独立团的声威所吓倒，不战自溃。当日北伐军占领贺胜桥。

9月5日，叶挺率部兵临武昌城下。10月10日在会攻武昌的战役中，叶挺独立团在通湘门附近用云梯爬城，首先突入武昌城，迅速攻占蛇山炮台，并协助友军与顽抗之敌展开巷战。吴佩孚部2万余人全军覆没，北伐军占领武汉三镇。在北伐战争中，叶挺率领独立团出生入死，摧城拔垒，所向披靡，战绩辉煌，为其所在的国民革命军第四军赢得了"铁军"的光荣称号，叶挺被公认为"北伐名将"。

伴随叶挺北伐的这把指挥刀以无声的语言，讲述着叶挺及其所部浴血北伐的光荣历史。

琼崖红军使用的荔枝炮

荔枝炮（复制）

在中国人民革命军事博物馆里各式各样的钢铁铸造的火炮中间，有一尊由荔枝木制成的火炮。在其高昂的炮筒下面，有一个玻璃柜，里面陈放着一段已被硝烟和岁月褪去了本色的半圆形木质残片。它以无声的语言向人们讲述着当年琼崖（即海南岛）军民在战斗中表现出的智慧与勇敢。

1927年4月下旬，国民党琼崖当局发动"清党"大屠杀，美丽的海南岛顿时被血雨腥风所笼罩。面对敌人的屠刀，琼崖人民奋起反抗。6月，中共文昌县委以分散于文昌各乡的农民自卫军为基础，召集一批自愿投身革命的工人、农民、学生、归侨等，组织了一支革命武装。7月底，中共琼崖特委将文昌的革命武装与琼山、安定、琼东、乐会、万宁、陵水、澄迈、临高等县的农民武装编为琼崖讨逆革命军第1至第9路军，准备举行全琼武装起义。

为了解决装备问题，文昌县翁田乡共产党员、木工韩谦准等人利用自己熟练的木工技术和所掌握的兵器知识，就地取材，选用坚硬的荔枝木，经反复试验，研制成功了荔枝炮。该炮的炮身及支撑和驱动装置长3460毫米，口径95毫米，有双轮可供机动。一次装药约1000克铁砂、1750克枪药，用导火线引燃火药射出铁砂，杀伤敌人，有效射击距离可达几十米。荔枝炮研制成功后，全琼总起义爆发。文昌县的讨逆军推着荔枝炮投入了战斗。隆隆的炮声震慑了骄狂的敌军，极大地鼓舞了农民武装的士气。在多次作战中，荔枝炮屡立战功。琼崖讨逆军先后改称琼崖工农革命军、琼崖红军，荔枝炮一直伴随着革命队伍转战在五指山中、万泉河畔。

1928年3月，国民党军4000多人到琼崖"清剿"红军。在敌我力量悬殊的情况下，文昌红军决定向乐会转移。出发前，红军和群众忍痛将不便携带的荔枝炮拆开，分散掩埋。

新中国成立后，当年的老战士们深深地怀念着荔枝炮，多次寻找

荔枝炮残片

挖掘。可惜因为当年战争形势紧迫，没有留下埋藏标记，加之岁月已久，仅找到荔枝炮的一些残片。他们把这些残片专程送到中国人民革命军事博物馆。现在的这门荔枝炮是根据当事人的回忆复制的，那几块残片作为珍贵的一级文物，陈列在它的身旁。

朱德在南昌起义中使用的驳壳枪

朱德在南昌起义中使用的驳壳枪

这是德国造的 7.63 毫米口径的毛瑟警用型手枪，枪号为 592032，弹匣可容弹 10 发。这种枪在第一次世界大战后开始批量进入中国，中国军队中有数十万支这样的装备。但数十万支枪中的这一把却不同寻常。枪身上刻有"南昌暴动纪念""朱德自用"的字样。

1927 年 7 月，在大革命失败后的血雨腥风中，为了挽救中国革命，中共中央决定发动南昌起义和湘鄂粤赣四省的秋收起义。为领导南昌起义，以周恩来为书记的前敌委员会应运而生。时在武汉的朱德因对江西情况熟悉，工作条件便利，奉命先行返回南昌，为发动武装起义做准备。此时，朱德佩带的就是这把驳壳枪。

朱德回到南昌后，设法争取南昌驻军的一些军官，并通过各种关系了解南昌市及其周围地区的兵力部署，精心绘制出标明军事要点的南昌市区图。当周恩来秘密抵达南昌，住进朱德寓所后，朱德向他详细汇报了南昌敌我双方的情况。

南昌起义前夕，朱德按计划在佳宾楼摆下宴席，"盛情"款待南昌驻军的两个团长。而后，又拉住他们打牌，以期拖住他们。晚上9点多钟，驻军的一个副官跑来报告：贺龙部的一个副营长来告密，说共产党将要发动起义。那两位团长闻讯起身即走。朱德也立刻赶往起义总指挥贺龙处通报了叛徒告密一事，前敌委员会当即决定起义提前两小时举行。起义军以颈系红领带，左臂扎白毛巾为标志。朱德也把身上的驳壳枪系上了红飘带，前往自己领导的国民革命军第三军军官教育团驻地。

8月1日凌晨，中国共产党在南昌城打响了武装反抗国民党反动派的第一枪。朱德挥动着驳壳枪，率军官教育团按前委的部署，杀向驻地周围的敌军。经过几个小时的激战，起义军各部按计划完成各自的任务，南昌城头飘起红旗，起义胜利了。而后，起义部队进行了整编，仍沿用国民革命军第二方面军番号，下辖3个军，朱德任第九军副军长。

南昌起义开辟了中国共产党历史上的新时期，8月1日因此成为中国人民解放军建军纪念日。

南昌起义后，朱德在自己的这支驳壳枪上刻下"南昌暴动纪念""朱德自用"10个意味深长的字，以纪念那难忘的日日夜夜。

红军使用的小平射炮

红军使用的小平射炮

这门口径为 37 毫米的步兵炮，是红军在战斗中缴获的。在当年红军反"围剿"及其以后的革命斗争中，发挥了很大的作用，红军战士们亲切地称它为"红军的小平射炮"。

这门步兵炮是 1931 年 2 月由汉阳兵工厂制造的，相当小巧，不但使用方便，而且行动自如，适合于山地作战。因此，这种步兵炮生产出来后，很快就装备到国民党军队中，成为其"围剿"革命根据地的重要武器之一。

1932 年 3 月，随红一军团行动的毛泽东根据当时闽西、闽南地区国民党军兵力比较薄弱的情况和漳州易攻难守的地形特点，致电中共苏区中央局，建议以东路军攻占龙岩，直下漳州，消灭国民党军第四十九师，发展革命形势。中共苏区中央局接受了毛泽东的建议。此后，毛泽东即以中华苏维埃共和国临时中央政府主席的身份和东路军总指挥林彪、政治委员聂荣臻一起率领东路军执行攻取漳州的任务。

4月3日，红一军团、红五军团分别从长汀、新田出发，向龙岩前进。红一军团于10日攻克龙岩城。14日，第五军团到达龙岩与第一军团会合，按计划攻打漳州。漳州城由国民党军第四十九师的第一四五、第一四六两个旅防守。其主力布防在漳州外围的天宝、南靖及其以北地区，依托杨梅岭、凤霜岭、十二岭、笔架山、榕子岭，凭险固守，另一部分兵力布防在市区。东路军决定以第一军团之第四军在左翼主攻，第十五军在右翼助攻；第五军团之第三军驻于南坪附近为预备队。19日，红军主力对漳州外围之敌发起进攻。第四军首先突破了敌人主阵地十二岭、凤霜岭，向天宝方向发展战果，一部分由左向右横扫，协同红十五军作战。红十五军在红四军的配合下，迅速攻占了榕子岭、笔架山。红三军也向纵深发展，红军各部密切协同，迅速占领天宝、南靖一线，并乘胜向漳州市区前进。20日，红军占领漳州城。此役，红军缴获了包括这门步兵炮在内的大量武器弹药和其他物资，还包括两架飞机。

漳州战役后，红四军与缴获的武器合影

在长征路上，红军战士不畏艰险，爬雪山、过草地，硬是用肩膀把它抬到了陕北延安。其后，这门平射炮不负众望，又在抗日战争和解放战争中发挥了它的威力。直到新中国成立后，这门步兵炮作为珍贵的革命文物，被陈列在中国人民革命军事博物馆。

红军长征带到陕北的唯一的一门山炮

红军长征带到陕北的唯一的一门山炮

红军经过长征，最初携带和配备的一些重型武器装备已所剩无几。红军带到陕北的山炮只有一门。这门炮编号为587，炮架为双轮单脚式，木轮子，炮管短粗。其正名叫"七生五过山炮"（生，是长度单位厘米 centimetre 的音译名。七生五即 7.5cm），是上海兵工厂于1927年制造的，口径75毫米，炮身长1050毫米，初速为280米／秒（榴弹），最大射程为4300米。这种炮在山炮一族里没有什么奇特之处，但这门炮却有着一番不同寻常的经历。

1935年2月，湘鄂两省国民党军调集80多个团11万余人的兵力，采取分进合击、攻堵结合的战法，向湘鄂川黔苏区的红二、红六军团发起进攻。红军与国民党军激战近两个月后，决定退出湘鄂川黔苏区，北渡长江，去创建新的苏区。

4月12日，红军离开集结地塔卧、龙家寨经陈家河等地向北转移。国民党鄂军纵队司令兼第五十八师师长陈耀汉企图切断红军北移的通路，令第一七二旅从桑植出发，截击红军。当该敌进至陈家河时，红军抓住其立足未稳、态势孤立的有利时机，一举将其全歼。陈耀汉接到第一七二旅告急的消息后，亲率师部及第一七四旅大部增援，途中得知第一七二旅已被全歼即慌忙撤退。此时凯旋的红军获悉陈耀汉率部在桃子溪宿营，便急行军发起突袭，痛快淋漓地打他个措手不及，将其全歼。此战，红军缴获两门山炮，587 号山炮就是其中之一。此后，这门山炮为红军所用，曾在忠堡、板栗园等战斗中发挥了重要作用。战士们说：山炮一响，便是为我们的胜利奏响了凯歌。

红二、红六军团在湘鄂川黔根据地取得了辉煌的战果，令国民党当局十分震惊，于是调集 130 个团的兵力，开始更大规模地"围剿"。红军决定突围。1935 年 11 月，红二、红六军团 1.7 万余人，在贺龙、任弼时、关向应等率领下，撤离湘鄂川黔根据地开始长征。这门山炮便随着红二、红六军团的广大指战员踏上漫漫征途。征战中，突破乌江、转战乌蒙山、抢渡金沙江、翻雪山、过草地……它与红军一道冲破了许多人间罕见的艰难险阻，战胜敌人的围追堵截。

为了带着这门山炮，战士们克服重重困难，人抬马驮。特别是过草地时，那里的沼泽密布，踩上去颤悠悠的，慢慢地沉坠，越陷越深，难以自拔，仿佛踩的是一口口绵延不绝的死亡陷阱。山炮太沉没法抬过去。战士们就将炮拆卸开，分散着连抬带背，过了艰难的路程后再组装起来。红军战士牺牲了一个又一个，可抬炮的红军战士前仆后继，硬是用鲜血和汗水把它抬到了陕北。这是红军长征带到陕北的唯一的和仅存的一门山炮。

后来，贺龙元帅常常忆起那门曾经为红军打胜仗立下功劳的山炮。1959 年当中国人民革命军事博物馆热火朝天筹建的时候，贺龙元帅亲自下令督促寻找这门山炮。几经波折，终于在部队中找到了它，并把它陈列在中国人民革命军事博物馆里。

刘志丹刻有"抗日救国"的手枪

刘志丹使用过的手枪

中国人民革命军事博物馆陈列着刘志丹使用过的一支手枪。这支枪是比利时制造的，口径 7.65 毫米。枪柄镶着有机玻璃，并刻有"抗日救国"四个字。

说起刘志丹使用的手枪，不能不提及刘志丹在陕甘边的革命战斗历程。1927 年 10 月至 1931 年间，刘志丹、谢子长、唐澍等在陕甘地区先后领导了多次起义，后在甘肃合水县的南梁地区组建了南梁游击队。1931 年 10 月，南梁游击队与阎红彦领导的陕北支队合编为西北反帝同盟军，谢子长、刘志丹分任正、副总指挥。1932 年 2 月，反帝同盟军改编为中国工农红军陕甘游击队，谢子长、刘志丹先后任总指挥。陕甘游击队成立后，先后取得阳坡头伏击战、旬邑奔袭战等战斗的胜利。1932 年 5 月，国民党军对陕甘游击队实施"进剿"，刘志丹等领导陕甘游击队在半月之内，连打九战，歼敌 1400 多人，给"进

刘志丹

"剿"之敌以沉重打击。

当年刘志丹率游击队在耀县照金一带与国民党地主武装民团作战，在一次作战中，缴获了这支手枪，此后这支枪便跟随刘志丹转战于陕甘边地区。1933年上半年，由陕甘游击队改编的红二十六军第二团，在刘志丹等人的领导下，开辟了以照金、南梁为中心的陕甘边苏区。1933年11月，中国工农红军第二十六军第四十二师成立后，刘志丹先后任师参谋长、师长，率部积极开展游击战。1934年2至4月，刘志丹率领红二十六军九战九捷，粉碎了国民党军对陕甘边根据地的第一次"围剿"，使红二十六军声威大振。

1935年2月，刘志丹任西北革命军事委员会主席。5月，红二十六军和红二十七军会合后，组成了西北革命军事委员会前敌总指挥部，刘志丹任前敌总指挥，统一指挥陕甘边和陕北两根据地的武装斗争。经两个多月的机动作战，攻克延长、延川等6座县城，挫败了国民党军对陕甘边苏区的第二次"围剿"，并使陕甘边与陕北苏区连成一片，建立起有20多个县的红色政权，使红军和游击队发展到近万人，有力地配合了中央红军北上，为中共中央和各路红军提供了长征的落脚点。

9月，红二十六军、二十七军与长征胜利进抵陕北的红二十五军合并为红十五军团，徐海东任军团长、刘志丹任副军团长兼参谋长。

此后，刘志丹担任过西北革命军事委员会后方办事处副主任，红军北路总指挥兼红二十八军军长，瓦窑堡警备司令等职。1936年2月，在红军发起的东征战役中，刘志丹奉命率红二十八军担任东征红军左翼作战任务，从神木渡过黄河，挺进神府地区，直逼晋西中阳县三交镇。4月13日，在率部攻打三交镇的战斗中，刘志丹不幸中弹，壮烈牺牲。刘志丹直到牺牲，一直佩戴着这支手枪。

这支手枪是1956年辽宁省委办公厅从辽宁农业研究所所长郑洪轩那里征集的。据郑洪轩介绍："这支手枪是1948年田家丰同志赠给我的，田说这是刘志丹使用过的手枪，是由陕北崔某某同志赠给他的。"后来，经过当年刘志丹警卫员于占彪辨认，确定这是刘志丹佩带的手枪，1959年这支枪由沈阳军区送中国人民革命军事博物馆收藏。

不同寻常的"老黄牛"马克沁重机枪

这挺马克沁重机枪，由枪身（包括身管与枪机）和三角枪架两部分构成。那个粗大的用黄铜制成的注水散热管格外显眼。它全长超过1000毫米，全重近50千克。口径7.9毫米，尖头弹初速870米／秒，重尖弹初速770米／秒，尖头弹表尺射程2500米，重尖弹表尺射程3500米，理论射速600发／分。

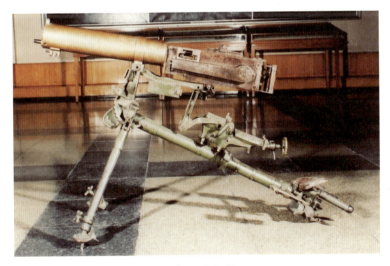

马克沁重机枪

1938年初，山东人民抗日救国军第三军第二路军一部，攻克日伪军盘踞的山东胶东蓬莱城，在搜查原直系军阀吴佩孚的老家吴家大楼时，从地下室的一口棺材里发现了这挺马克沁重机枪。

同年10月，该部队携带它在山东平度大青阳一带，阻击日伪军进攻。战士们用这挺机枪，向发起冲锋的日伪军猛烈扫射，打得敌人抱头鼠窜，击退其3次猖狂进攻，毙伤敌200余人。部队从早晨一直战斗至傍晚，才安全撤离。因其枪身呈黄色，威力又很大，大家便给它起了个"老黄牛"的名字。以后，这支部队被编入八路军序列。

1939 年 3 月，八路军山东纵队第五支队一部，带着这挺马克沁重机枪参加了攻打招远伪军的作战，还用它阻击了由黄县来援的日伪军。至八路军主动撤出战斗时，共毙伤日伪军 1000 余人，缴获近 300 支枪。1941 年 3 月，该部队又带着这挺重机枪，参加了反击国民党军顽固派的胶东战役。在海阳、莱阳地区的大榆山，击退了国民党军 4000 余人的两次进犯，毙伤大批敌人。1945 年 9 月，八路军部队在进攻山东平度作战中，仍带着这挺机枪参加作战，给敌人以沉重的打击。至克城之时，共毙伤伪军 700 余人，俘虏 5000 余人，缴获迫击炮 6 门、机枪 90 余挺、步枪 400 余支、战马 150 余匹，取得重大胜利。

这挺不同寻常的马克沁重机枪——"老黄牛"，跟随部队参加战斗百余次，立下了不朽的功勋。20 世纪 50 年代末，它被送到中国人民革命军事博物馆收藏并陈列。

击毙日军中将阿部规秀的迫击炮

1939 年 11 月 2 日，日军独立混成第二旅团旅团长阿部规秀率第四营从插箭岭出发袭击走马驿，第一营从白石口出发袭击银坊。

八路军向日军临时指挥部发射迫击炮弹

八路军晋察冀军区决定以一部兵力钳制、堵击由插箭岭方向出动之敌，集中大部兵力共 6000 余人，伏击向银坊进攻之敌。11 月 3 日，八路军一部实施诱敌深入之策，将进袭银坊的日军一部诱至并压缩于险要的雁宿崖峡谷内，战至下午 4 时，全歼日军 520 余人于雁宿崖，拉开了黄土岭之战的帷幕。

雁宿崖歼灭战，使不可一世的阿部规秀恼羞成怒，他于 4 日亲率日军 1500 余人向雁宿崖急进，企图寻歼八路军主力。5 日下午，日军进至雁宿崖，八路军已移师东向。日军求战心切，置孤军冒进于不顾，于 6 日清晨继续东进追击。同时，日军第一一〇师团于当日派两个支队从唐县、完县北上，以为策应。

击毙日军阿部规秀的迫击炮

晋察冀军区见日军孤军犯险，遂决定在黄土岭附近集中兵力再歼东进之敌。7 日清晨，日军主力由黄土岭出发，沿山谷东进，15 时许进入八路军伏击圈。八路军迎头杀出，拦住去路，将日军围困在上庄子附近的狭沟里，100 余挺机枪集中火力向敌射击，日军死伤惨重。日军遭此突袭，阵势大乱，急忙抢占了几个小山头，企图冲出包围圈。八路军乘势扩大战果，缩小包围圈，战斗异常惨烈。

日军临时指挥部设在黄土岭的一个小村庄里。八路军于 16 时许发现这一情况后，即令炮兵连用迫击炮，连续发射数发炮弹，发发命中。阿部规秀当场被击成重伤，3 小时后死去。

黄土岭之战是晋察冀军区继雁宿崖歼灭战之后又一重大胜利，共毙伤日军 900 余人，缴获一批军用物资。特别是击毙"名将之花"阿部规秀一事，在日军中引起悲鸣。11 月 27 日，日军在张家口召开了"追悼"阿部规秀的大会。华北方面军司令官多田骏在花圈挽联上写道："名将之花，凋谢在太行山上。"

今天，这门迫击炮作为一件珍贵文物，陈列在中国人民革命军事博物馆。

报纸刊登的关于阿部规秀丧命的报道

雁翎队使用的"大抬杆"枪

"大抬杆"枪，本来是冀中白洋淀水乡人民打猎用的土造火枪。枪身全长 2400 毫米，口径 20 毫米左右，枪管长 2200 毫米。它的构造极其简单，由枪管和枪托两部分组成。两道铁箍把枪管与枪托结合在一起。枪舌的尾端处有一个火门，射击时用火绳点火引发。

雁翎队使用的"大抬杆"枪

抗日战争时期，白洋淀水上游击队——雁翎队使用"大抬杆"枪在打击日本侵略军上发挥了很大威力。当时在白洋淀流传着歌颂雁翎队的歌谣：

雁翎队，是神兵。

来无影，去无踪。

大苇塘里边拉战线，

打得鬼子叫祖宗。

雁翎队，是神兵。

端岗楼，像拔葱。

从前火枪打大雁，

现在专打鬼子兵。

雁翎队，是神兵。

鬼子不敢钻苇丛。

要问鬼子死多少，

手打算盘算不清。

　　白洋淀位于京、津、保（定）三角地带之南端，河北省中部，它是方圆几百公里的一片浅水湖泊，连接着大清河与海河，是保定与天津之间的一条重要水上通道。淀内芦苇丛丛，盛产莲藕，是北方著名的鱼米之乡。

　　抗日战争时期，白洋淀成为冀中平原抗日根据地的区域。1938年，日本侵略军占领了白洋淀，在白洋淀周围修筑炮楼，设立据点，使白洋淀的广大人民群众陷入水深火热之中。然而，白洋淀的广大人民群

雁翎队在白洋淀开展游击活动

众在中国共产党的领导下，组织起来，成立了白洋淀水上游击队，拿起大刀、长矛、"大抬杆"枪等土造原始武器，奋起抗击日本侵略者。胜利返航时，游击队常把几十条小船排成一字或人字形，宛如大雁在高空飞行时排成的队形，所以被乡亲们亲切地称为雁翎队。他们利用白洋淀的河湖港湾，苇地荷塘，展开了神出鬼没的水上游击战。"大抬杆"枪成为打击日本侵略者的有力武器。

1941年7月的一天，雁翎队得到情报，盘踞在赵北口的日本侵略军要用汽船给新安县（今安新县）据点的敌人运送物资。雁翎队决定打一个伏击战。他们分成两个班，埋伏在日军汽船必经之路。当日军从新安县返回进入雁翎队的伏击圈时，游击队员按预先分工，赵老群的"大抬杆"枪打敌人汽船上的机枪手，姜秃子的"大抬杆"枪打敌人掌舵的，李柱点火喊号。一班首先打响伏击战后，敌汽船挨打后迅速向东北方逃跑。这时埋伏在河东北芦苇地里的二班的9支"大抬杆"枪同时点火，向敌汽船开火，当场将敌汽船击毁，击毙日伪军18名。这一仗干净利索地将敌汽船上的日伪军全部消灭。

1942年4月，雁翎队又在大张庄、东王家寨地区打了一场漂亮的伏击战。事前做了准备，用5条船绑上架子，将全队的50多支"大抬杆"枪架在船上，装足火药，只留两个人点火，待日军汽船进入雁翎队伏击圈后，50多支"大抬杆"枪一齐点火，向敌船射击，当即击毁敌汽船2艘，毙敌30余名，伤敌15名，其余在敌增援部队赶到时才得以逃脱。

雁翎队使用的"大抬杆"枪，打击了日本侵略军，为抗日战争立下了功劳，因此，作为历史文物被中国人民革命军事博物馆收藏。

受到通令嘉奖的赵章成研制的两用 82 迫击炮

陈列在中国人民革命军事博物馆的赵章成研制成功的曲射、平射两用迫击炮

这门口径为 82 毫米、长 1230 毫米的迫击炮，是八路军第一二九师炮兵主任赵章成于 1943 年研制而成的，是可以曲射、平射的两用炮。

赵章成是我军著名的神炮手。在红军长征路上，他曾创造过用仅有的 3 发炮弹，接连打中敌碉堡，掩护 17 名勇士强渡大渡河的奇迹。抗日战争时期，赵章成担任第一二九师炮兵主任。当时第一二九师只有一个炮兵营，所属 4 个炮兵连的大炮和弹药都是缴获的。针对弹药缺乏和部队经常转移的特点，炮兵指战员们创造了许多新的战法。

82 迫击炮是从炮口装弹，炮弹打出去先升空后落地才能命中目标。根据这个特点，赵章成对 82 迫击炮进行改造。在炮尾部增加了一节 400 毫米长的尾管，采用拉火击发装置，并将底盘倾斜着地，使炮筒与地平线的倾角保持在 5 度以下。这样，82 迫击炮既能曲射又能平射，具有步兵炮的功能，适应近战、夜战的要求。由于迫击炮重量轻，机动性能好，行军作战时，把它分解后，几个人就可以背着走，更有利于消灭敌人。

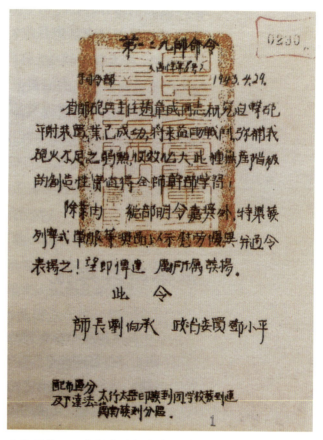

八路军第一二九师激励赵章成研制成功 82 迫击炮的命令

　　赵章成改造的 82 迫击炮，在反"扫荡"作战中，多次有效地摧毁了敌人的碉堡和据点，受到了上级领导的嘉奖。1943 年 4 月 29 日，刘伯承师长、邓小平政委颁布了《第一二九师命令》（训字第 8 号）："查师炮兵主任赵章成同志研究迫击炮平射装置，业已成功，将来益助战斗，弥补我炮火不足之弱点，收效必大。此种无产阶级的创造性实值得全师干部学习！除业由总部明令嘉奖外，特制发列宁式军服等奖品，以示慰劳优异并通令表扬之！望即传达，励所属发扬。"

　　赵章成研究改造成功的曲射、平射两用 82 迫击炮，现陈列在中国人民革命军事博物馆。

大显神威的飞雷炮

解放战争时期，在人民解放军工兵部队里，有一种武器没有正式列编，却在战场上发挥了十分重要的作用，它就是飞雷炮。

飞雷炮最初叫"飞送炸药"，是一种用火药推送出去的一个6至8公斤重的炸药包。它威力强，只要在落点半径5米内，一切生命体或集团工事都难以逃脱被毁灭的命运。

在战斗中大显神威的飞雷炮

这是解放军晋冀鲁豫野战军第四纵队在1947年晋南战役之后研究发明的成果，该纵队工兵连长聂佩璋功不可没。

聂佩璋，山西太古县人。1938年参加山西青年抗敌决死队，曾就读于东北讲武堂，在东北军铁甲部队当过大队长，精通装甲、工兵技术，擅长爆破。他为部队和民兵培训爆破能手，同时还研制石雷，炸毁日军汽车多辆。1944年冬，聂佩璋担任抗敌决死队第一旅工兵连连长。在频繁的战斗中，工兵常在敌人鼻子底下实施爆破，伤亡很大，而且伤亡的又都是技术骨干。仗是打赢了，可工兵付出的代价太大了。聂佩璋心里清楚，这样下去还不知有多少同志要献出宝贵的生命。有什么办法能代替人把炸药送到敌人的碉堡、城门、铁丝网上呢？由此，聂佩璋开始了"飞雷"的设想。

在烈日炎炎的夏天，聂佩璋带领技术人员开始了飞雷的研制工作。他们上山点火、下山看结果，反反复复，不知经过多少次试验，终于使炸药包飞出 300 多米后落地爆炸。大家情不自禁地欢呼着。可聂佩璋心里并不轻松，他想，炸药包是飞送成功了，但两个小时挖一个土筒，却只能抛送一次，这不符合实战要求，必须要搞一个替代土筒的"洋抛射筒"。

聂佩璋从老乡家里买来汽油桶和枣木板，叮叮当当地敲了起来。两天后，一个口径 300 毫米、长 900 毫米的制式"抛射筒"制造出来了，并试射成功。因为抛射炸药包是由抛射地雷引发的，故称"飞雷"，它又是用迫击炮原理制成的"抛射筒"，所以便正式命名为"飞雷炮"。

此后，他们又不断改进技术，用抛射筒改装土造的火焰喷射器、用抛射筒抛射几十斤重的石头、飞送集束手榴弹（又称天女散花）等，花样越来越多，威力越来越大，逐渐普及各部队。

飞雷炮参加过多次攻城任务，但大显神威还是在淮海战役中。双堆集围歼战是淮海战役中原野战军围歼黄维兵团的一场大战。黄维兵团进攻失利，改为防御，小视我军炮火不强。但他不曾料到，其苦心经营的野战防御地堡挨上一个飞雷炮就变成一片废墟；其密集的兵力防御，更不堪"天女散花"的一击。被俘的蒋军官兵说"这个土东西可比大炮厉害多了"。

飞雷炮以其显赫的战绩，在解放战争的战场上发挥了重要作用。现如今陈列在中国人民革命军事博物馆。

培养我军第一批飞行员的九九式高级教练机

在中国人民革命军事博物馆兵器馆广场陈列着一架日本造九九式高级教练机。这是一种单引擎一字形螺旋桨式教练机。该机于日本神武纪元 2599 年（公元 1939 年）制造，故称九九式，机身长 8 米，机高 3.84 米，翼展约 11.8 米，最大航速 349 千米／小时，巡航速度 220 千米／小时，实用升限 8180 米，最大航程 1060 千米，乘员 2 人，载荷 429 千克，装备有 7.7 毫米固定机枪 1 挺，全重 1721 千克。机身头部装有一台九八式 450 马力发动机，机舱内装有两套操纵系统、前后双座椅，以便教员带训飞行员使用。飞机的起落架为固定式。

在人民解放军空军初创时期，这架飞机是人民解放军第一所航校的教练机，也是培养人民解放军第一批飞行员的教练机之一。

1945 年九、十月间，王弼、常乾坤等 30 余名航空技术人员按照中共中央的指示，从延安出发，日夜兼程赶赴东北。他们先后从辽阳、营口、鞍山、牡丹江、哈尔滨、佳木斯等地搜集飞机和器材，并接受了一个日本航空大队的投降。1946 年 3 月 1 日，经过紧张艰苦的筹备，中国人民解放军第一所航空学校——东北民主联军航空学校在通化正

东北民主联军航空学校用缴获的教练机训练飞行人员

式成立。

为尽早培养出自己的飞行员，培训工作很快开始了，可一连串的问题也出现了。学校设备极其简陋，学员普遍文化程度低，缺少各种航空技术人员，缺少教材，尤其是缺少教练机。当时航校有4架"英格曼"式初级教练机，都是木头做的，经过风吹、雨淋、日晒，已破旧不堪，根本不能使用。中级教练机一架也没有，只有一些日制九九式高级教练机还能用。其他问题可以慢慢解决，可初级教练机是培训飞行员当务之急。

面对这种情况，航校领导经过反复研究决定：打破常规，越过初、中两级教练机，直上九九式高级教练机。为慎重起见，航校领导广泛听取各方面意见，发动教职员工提问题、想办法。针对九九式高级教练机飞行速度较大，机上没有无线电设备，刹车系统陈旧，飞机在起飞和着陆时方向不好保持、易打地转等情况，采取了相应的措施。经过航校全体员工的共同努力，1946年7月下旬的一天，学员终于驾着九九式高级教练机飞上了蓝天。

东北航校先后培养了大批飞行员、领航员和地勤人员，著名的空军战斗英雄王海、张积慧、刘玉堤等就是这所航校培养出来的飞行员。这架九九式高级教练机功不可没。

培养我军第一批飞行员的九九式高级教练机

屡立战功的"功勋坦克"

"功勋坦克"

　　在中国人民革命军事博物馆兵器馆大厅里陈列着一辆编号为568号的轻型坦克。坦克的外表已斑驳、褪色，但车头的"八一"军徽却依然清晰可见、引人注目。站在坦克旁，我们目睹布满战争尘埃的车身，仿佛看到了其在全国解放战争的炮火中冲锋陷阵的英姿。

　　1947年1月，鲁南战役打响后，华东军政大学炮兵大队奉命开赴前线接收缴获的大炮，却意外地在战场上发现了国民党军队丢弃的一些坦克，它们有的陷在深沟里，有的被我军击毁，大部分都无法开动。炮兵大队派一个分队在战场上搜寻了几天几夜，先后搜集到美制M3A3坦克17辆、日制坦克6辆。面对这些搜集来的坦克，怎样修复它们，又如何将它们开走，成了让大家头痛的难题。

　　华东野战军首长对搜集坦克一事十分重视，陈毅司令员听说坦克缺乏油料，就立即通令前线各部队把缴获的坦克油料转交给炮兵大队。为解决坦克修复等技术难题，野战军首长令炮兵大队动员、教育被俘的国民党坦克兵参加坦克的修复工作。

　　炮兵大队组织技术人员不分昼夜地抢修，但只修好了6辆美制M3A3坦克，其余17辆坦克一时无法修复。在国民党军队的大举进攻面前，他们只得拆下部分有用的机件后，将车体炸掉。炮兵大队将修

华东野战军司令员陈毅等与缴获的坦克留影

好的 6 辆坦克随野战军转移后方。现陈列在中国人民革命军事博物馆的 568 号坦克就是这次修复好的 6 辆坦克之一。

1947 年 3 月，华东野战军特种纵队宣告成立，华东坦克大队也在山东沂水王家庄诞生，568 号 M3A3 坦克便成为华东坦克大队的首批"士兵"之一。

M3A3 轻型坦克，又称"M3 格兰／李"轻型坦克。M3 坦克是由美国汽车公司生产的，共有 A1—A5 五个型号。M3A3 坦克，战车全重 14.3 吨，乘员 4 人，车长 4.95 米。该坦克最大速度 57 千米／时，主要武器为 1 门 37 毫米机关炮和 1 挺 7.62 毫米机枪。M3 坦克于 1941 年 5 月在北非贾扎拉战役中首次参战，后来美国、英国、加拿大等国曾装备过该种坦克。第二次世界大战结束后，美国把一大批使用过的坦克等旧装备作为"礼物"送给国民党军队，以支持其打内战。没承想蒋介石这个"运输大队长"，却在战场上把这些坦克"转交"给了人民解放军，使 M3A3 坦克成为华东坦克大队的首批"士兵"。

1948 年 9 月，华东野战军发起济南战役，568 号 M3A3 坦克随坦克大队参加了攻打永固门的战斗。由于战场上硝烟弥漫，看不清前方目标，568 号坦克炮手沈许毅然打开炮塔窗口，伸出头来观察敌人火力点，并敏捷地操纵火炮，在距离敌人工事 100 米处实施抵近射击，连续发射 30 多发炮弹，摧毁敌人碉堡、工事多个，为步兵冲锋扫清了障碍。随后，568 号坦克和坦克大队又参加了攻打济南外城的战斗，炮手沈许和其他坦克的炮手们打开驾驶窗，冒着枪林弹雨向前猛冲。当沈许和战友们驾着坦克驶进内城时，坦克突然陷进一个大炸弹坑里。任凭驾驶员怎样操纵，坦克仍是纹丝不动。天色渐渐地暗下来，敌人的炮弹在坦克周围不断爆炸，飞机也不时在天空盘旋。为了防止敌人炸毁坦克，沈许和战友们四处找来木头和门板，将坦克伪装起来。整整过了一天两夜，这辆坦克终于重新参战。

　　济南战役后，568 号坦克被华东野战军授予"功勋坦克"称号，炮手沈许被誉为"铁人英雄"。此后，"功勋坦克"又参加了著名的淮海战役，屡立战功。1950 年，炮手沈许作为战斗英雄出席了全国战斗英雄代表大会。"功勋坦克"后来作为功勋兵器被陈列在中国人民革命军事博物馆。

我军的第一辆坦克——"功臣号"

1945 年 11 月的一天，东北民主自治军的高克等人到沈阳九一八工厂（原日本关东军坦克修理厂）侦察敌特活动情况，无意中发现那里有几辆日军的坦克。随后，他奉命带领几名战士将其中两辆坦克开到沈阳铁道西，停放在一个被破坏的工厂里，组织人员进行修理。在几名老工人的帮助下，经过十几天的修配，终于修好了两辆坦克、两辆装甲、两辆牵引车和一辆汽车。

此时，国民党军队已占领了山海关至锦州一线。高克等人奉命驾驶坦克和车辆向吉林通化转移。临时拉进来的工人中混进的敌特分子趁高克带领战士打探道路未回之机，将大部分坦克和车辆破坏，只有一辆坦克在部分工人的保护下，得以幸免。为了保全这剩下的一辆坦克，高克等人只好暂住在小桥子屯，等待部队来人接应。

民主自治军司令部失去了同高克等人的联系后，派出了曾学习过坦克技术的孙三带领骑兵警卫排向沈阳西北寻找，经过两天的打探，终于在一天傍晚于小桥子屯找到了他们。

上级要求带上可以带走的坦克器材迅速转移。可坦克由于破坏严重无法行进。经研究决定，孙三率警卫排再闯沈阳九一八工厂搞器材，高克率领剩下人员修理坦克。孙三带人搞回一车的器材、零件，坦克很快就修理好了。为避免损失，高克、孙三等驾驶着那辆坦克和一辆装满器材、零件的汽车，向东北炮兵司令部所在地马家湾子开进。

当他们到达马家湾子时，坦克的隆隆声惊动了炮兵司令部全体人员。时任东北炮兵司令员兼炮兵学校校长的朱瑞紧紧握着高克和孙三的手说："你们开来的不是一辆坦克，你们给我军带来了一支装甲部队。"当晚，炮校首长宣布中共中央东北局的决定，在炮校附近设坦克大队，任命孙三为大队长，毛鹏云为政委，高克、刘大祥、霍舒亭为副大队长。

陈列"功臣号"坦克的景观

东北坦克大队是当时各解放区中第一个正式建立的坦克部队，这辆损坏严重的日造坦克传奇般地成了人民解放军装甲兵历史上的第一车。

这辆日本造97式中型坦克加入人民军队序列后，先后参加了绥芬河剿匪、三下江南等战役战斗。因为其资格老、机件旧，被坦克手亲切地称为"老头坦克"。在1948年辽沈战役攻打锦州作战中，东北坦克大队首次参加了大规模城市攻坚战。坦克手们用坦克炮消灭了许多国民党军火力点，为步兵扫除了不少前进的障碍。"老头坦克"边修边打，一直猛冲到国民党军城防司令部，对着国民党军司令部猛烈开炮，迫使国民党军打出了白旗。

战后，第四野战军司令部、政治部命名这辆坦克为"功臣号"坦克，荣记集体三等功。驾驶员董来扶和机枪手吴佩龙荣立一等功。

辽沈战役结束后，"功臣号"坦克又随第四野战军南下，参加了平

"功臣号"坦克（左）

在开国大典上受阅的"功臣号"坦克

津战役。在攻打天津战役中，"功臣号"坦克再立战功。随后，"功臣号"坦克和它所在的战车团参加了北平（今北京）入城式和西苑机场阅兵式。

在开国大典中，"功臣号"坦克光荣地参加了阅兵式，并作为领头车，接受党和国家领导人的检阅。

"功臣号"坦克早已光荣退役，因为它的卓越功绩，被送进中国人民革命军事博物馆，作为功勋兵器陈列在兵器馆的前厅。

开国大典阅兵领头战机——P-51"野马"式战斗机

陈列在中国人民革命军事博物馆兵器广场的这架 P-51"野马"式战斗机,曾参加过开国大典阅兵,并作为领头战机接受党和国家领导人的检阅。

P-51 战斗机诞生于第二次世界大战期间,由美国北美航空公司于1940 年研制。新机服役编号定为 P-51,取名为"野马",翼展长 11.3米,机身长 9.83 米,高 4.2 米,最大时速 703 千米,最大航程 1530千米,发动机功率 1109.85 千瓦,实用升限 12770 米,乘员 1 人,飞机总重 5262 千克,装备有 12.7 毫米机枪 6 挺,907 千克炸弹。

1949 年 8 月 15 日,人民解放军在北平南苑机场成立了飞行中队。这是人民解放军的第一个飞行中队,也是第一支空军部队。10 多架从国民党空军缴获和接收的 P-51 战斗机成为人民解放军空军第一个飞行中队的主力战机。

经过短期训练后,飞行中队于当年 9 月 5 日开始正式执行任务。

开国大典阅兵领头战机——P-51"野马"式战斗机

他们除了担负北平（今北京）地区的防空作战任务外，还担负了空中巡逻、警戒，配合地面演习等任务。1949 年 9 月上旬，飞行中队接到准备参加开国大典空中受阅的命令。参加受阅的飞机共 17 架，其中 P—51 战斗机 9 架。飞行队经过紧张的训练，做好了受阅准备工作。

1949 年 10 月 1 日下午 3 时，开国大典正式开始。4 时举行阅兵，以 P—51 战斗机为主体的 17 架飞机从南苑机场依次起飞，编好队形，在通县双桥上空盘旋待命。4 时 35 分，空中受阅机群接到空中分列式开始的命令，9 架 P—51 战斗机以 3 个"品"字形分队由东向西飞往天安门，3 个分队的轰炸机、运输机、教练机等飞机紧随其后。当受阅飞机飞临天安门广场上空时，天安门城楼上的党和国家领导人与参加观礼的各界代表人士以及广场上如潮的人群，纷纷仰头观望，为人民空军的英姿喝彩。

受阅的 9 架 P—51 战斗机刚刚通过天安门上空，又接到地面指挥员的命令，按预定计划，P—51 机群再次通过天安门。飞行员按照命令，当即加大速度，在复兴门上空作右后转弯，当到达东单上空时，正好与第六分队的教练机相衔接，9 架 P—51 战斗机再一次通过了天安门上空。由于衔接得天衣无缝，所以在地面观看的群众都以为受阅的飞机是 26 架。

1959 年中国人民革命军事博物馆建立后，空军将其第一代战机之一、参加过开国大典阅兵、领头的一架 P—51 战斗机作为珍贵文物，交给军事博物馆收藏。

陈列在中国人民革命军事博物馆的 P—51 战斗机

冯白驹使用过的左轮手枪

冯白驹使用过的左轮手枪

在巍峨的五指山下，在清澈的万泉河畔，冯白驹佩带这把左轮手枪，坚持孤岛奋战，捍卫孤岛"二十三年红旗不倒"，终于迎来了新中国黎明的曙光。

冯白驹（1903—1973），出生于海南岛琼山云龙长泰村，学名继周，参加革命后易名白驹。1926年4月，冯白驹任海口市郊农民协会办事处主任，同年9月加入中国共产党，任中共琼山县委书记，发展农村党组织，组织农民武装坚持斗争，拉起了一支20多人的短枪队，开展武装斗争。1927年7月，中共琼崖特委和军委把各县农民武装统称为讨逆革命军，成立琼崖讨逆革命军总司令部，冯白驹所率短枪队改为琼山县第六路军，冯白驹任党代表。

1928年3月，在"左"倾冒险主义影响下，琼崖红军反"清剿"斗争遭到重大挫折，全琼红军仅存130多人。在革命的危难关头，冯

冯白驹

白驹受特委派遣，到党组织遭到严重破坏的澄迈县任县委书记。1929 年 8 月中旬，中共琼崖特委遭破坏，在琼崖革命面临生死存亡的关头，冯白驹毅然组建临时特委，并主持特委工作。1930 年 4 月，中共琼崖特委召开第四次党代会，冯白驹当选为特委书记。冯白驹担任特委书记后，把发展红军、开展武装斗争作为进行土地革命的首要任务。1930 年 8 月，在定安县内洞山组织成立了琼崖工农红军独立师（后被

正式命名为中国工农红军第二独立师），辖 3 个团、1 个独立营。1931 年 5 月 1 日，中国工农红军第二独立师第三团女子特务连正式成立，这就是著名的"红色娘子军"。在冯白驹的领导下，中共琼崖基层党组织得到恢复和发展。1936 年 5 月成立了琼崖游击队司令部。

全民族抗战爆发后，1938 年 12 月，琼崖工农红军改编为广东省民众抗日自卫团第十四区独立队，冯白驹任队长。1939 年 2 月 10 日，日军在海南岛西北的天尾港登陆，大举进犯海南岛。日军到处烧杀抢掠，海南百姓深受奴役之苦。冯白驹指挥独立队一中队在潭口打响了琼崖抗战第一枪。同年 3 月，独立队正式扩编为独立总队，冯白驹任总队长，独立总队被誉为海南"抗日先锋"。琼崖独立总队在党的领导下，同全岛人民一起，经过 6 年顽强的斗争，终于迎来了抗日战争的胜利。

1947 年 10 月 12 日，中央军委将琼崖游击纵队更名为"中国人民

解放军琼崖纵队"，冯白驹任琼崖纵队司令员兼政治委员，琼崖纵队从此纳入中国人民解放军的序列。冯白驹领导海南军民于 1948 年秋到 1949 年夏，先后发动了秋、春、夏三季攻势，歼敌军 6000 余人。琼崖纵队也发展到 2.5 万余人。1950 年 4 月，琼崖纵队接应第四野战军主力部队登陆。我渡海大军和琼崖纵队紧密配合，英勇作战，一举击垮了敌人防线，岛上十几万敌军，除被毙伤俘 3 万余人外，其余溃散，一部分狼狈地逃窜至台湾。1950 年 5 月 1 日，海南岛全岛解放。

今天，冯白驹使用的这支左轮手枪，透过历史的烟云，向人们讲述着海南人民度过的那段艰苦卓绝的战斗岁月。

一件特殊的"功勋武器"——十字镐

特殊的"功勋武器"——十字镐

陈列在中国人民革命军事博物馆的这把十字镐，是抗美援朝战争中志愿军的一件特殊武器。

1950年11月初，中国人民志愿军首战云山，美军骑兵第一师遭到了沉重打击，狼狈南逃。志愿军第三十九军一一六师三四八团九连奉命于半夜时分沿偏僻小路疾进，插到云山以南15公里以外的公路上。连长命令四班埋伏在这里，卡住逃敌。接受命令后，班长带两个组埋伏在公路左边的一片稻田里准备战斗；副班长赵顺山则带着机枪组占领公路右边长满荒草的浅沟，同弹药手于世雄、副射手田有福一起准备快速挖就一个长方形的散兵坑。结果，工事还没完全挖好，美军的汽车、坦克、装甲车一辆接一辆地开过来了。这时，班长镇静地下达命令："准备战斗！"战士们立刻跳进半就的工事。顷刻间，沉重的坦克碾轧着公路冲过来，闯到距离埋伏点10多米的时候，机枪、大炮一齐开火，雨点般的子弹在头顶上掠过。很显然，美军已发现这里有埋伏。战士们还没抬起头来，一辆坦克轰隆一下就蹿过来了。爆破组长范吉太一跃而起，黑色的爆破筒一晃，震耳欲聋的巨响将跟在坦克后面的装甲车炸瘫痪了，喷涌的火焰直冲云霄。跟随而至的汽车撞到了瘫痪的装甲车屁股上，一辆接一辆地在公路上排起长龙。车上、炮架上的美军还没有反应过来，就被送上了西天。很快，后面的美军部队指挥官挥舞着手枪指挥士兵们端着枪冲了上来。赵顺山果断地端起机枪兜头就是一梭子，哗啦倒下了一片，后面的士兵们则抱头鼠窜。

美军要夺路南逃，凭借人多，疯狂地向四班阵地发起冲锋。战斗中，一个身魁力壮的美军士兵冲上来抢夺赵顺山手中的机枪。你争我夺，两人厮打在一起。这时，又有两个美军扑向赵顺山。紧急关头，于世雄和拖着脚伤的田有福跃出工事，一人抱住一个美军，扭打起来。突然，赵顺山看到了仍在与美军搏斗的于世雄背上插的一把十字镐，猛地上前把十字镐抽出来，使出全身力气，照准抢枪的美军脑袋刨下去，那个同于世雄扭打的美军见状，撒腿就跑。"哪里跑！"赵顺山快步追上去，手起镐落，把那个美军打趴在地上。田有福则死死地拽住同他肉搏的美军不放手。赵顺山第三次举起镐头，看准机会，砸碎了美军的脑袋。就在这时，嘹亮的军号冲天而响，志愿军的增援部队赶到了，歼灭了南逃的美军。

赵顺山以十字镐为武器，一连刨死3个美国兵，荣立一等功，这把十字镐也成为"功勋武器"，珍藏在中国人民革命军事博物馆。

被授予"头门山海战英雄艇"的 414 号炮艇

414 号炮艇

这一艘编号为 414 号的炮艇，就是头门山海战英雄艇。

这艘炮艇原是侵华日军海军的装备，抗战胜利后被国民党军接收，成为国民党军的江防炮艇。1949 年 4 月 23 日，国民党海防第二舰队司令林遵率领包括该艇在内的 25 艘舰艇在南京笆斗山江面起义，编入人民解放军华东军区海军，被命名为 414 号炮艇。

1951 年 6 月 23 日，驻浙江石浦的海军温台巡防大队接到通报：华东财政经济委员会有 3 艘运粮船由坡坝港南驶海门，同时，在嵊泗渔场捕鱼的 900 余艘渔船也南下返回台州，要求海军护航。华东军区海军令温台巡防大队派一个分队担任护航任务。

海军温台巡防大队决定由分队长张家麟和指导员陈立富率领 411、413、414、416 号炮艇护航。为了诱歼国民党军海匪，这次没有采用通常伴随护航的方式，而是决定在海匪可能袭扰的南泽、北泽海面设伏，出其不意地打击敌人。

6月24日凌晨1时30分，414号等4艘炮艇由石浦启航，于拂晓前到达南泽、北泽海面锚泊待机。8时，炮艇分队听到西南方向头门山海面有枪声。炮艇分队高速出航，朝枪声方向疾驶而去。约半小时后，在艇队的右前侧发现一可疑帆船，分队领导令416艇前去检查，其余炮艇继续前进。途中，分队长张家麟率领的411、413两艇因机器发生故障而掉队。

炮艇分队指导员陈立富和艇长杨岳率领414号孤艇朝枪声密集的方向驶去。414艇赶到现场时，只见一艘三桅"绿眉毛"大船拦头截住了3艘运粮船；其余3艘帆船正把运粮船压向岛岸，准备抢劫。陈立富立即指挥414艇全速冲上去，向匪船猛烈开火，救出被围困的运粮船。匪船向大陈岛方向逃窜，414艇立即向匪船逃往大陈岛的必经通道——头门山插去。匪船逃到头门山附近海面后，为首的两艘转过头来，向414艇猛烈开火，企图将414艇逼近头门山，以取得岛上的火力支援。

陈列在中国人民革命军事博物馆的"头门山海战英雄艇"414号炮艇

414 艇冒着敌人的猛烈炮火，冲到距离匪船 100 米左右的地方，以连续而准确的射击，打得匪船冒起烟火。艇上指战员纷纷拿起各种轻武器与敌人近战。这时，414 艇的 25 毫米炮突然发生故障，匪船乘机反扑，头门山上的敌炮也越打越猛。危急之际，416、411、413 艇赶来助战。匪船见势不妙，便绕过头门山外一个小岛向一江山岛逃窜。4 艘炮艇紧追不舍，集中火力歼灭走在最后、负伤最重的一艘两桅匪船。匪船在接连中弹 30 余发之后，于 11 时 45 分沉没于一江山岛以南。这次海战，共击沉敌船 1 艘、击伤敌船 3 艘，毙敌 30 余人，伤敌 20 余人。

鉴于 414 号炮艇屡建战功，这次头门山海战又深入敌群，孤艇作战，战绩显著，华东军区海军于 1951 年 10 月 7 日发布命令，授予该艇"头门山海战英雄艇"的光荣称号。分队指导员陈立富、枪炮兵王维福被授予"战斗英雄"称号。该艇后被中国人民革命军事博物馆征集收藏，陈列在兵器馆广场。

王海驾驶过的涂着 9 颗红五星的米格 –15 歼击机

中国人民革命军事博物馆陈列着一架编号为 079 的银灰色的战机，这就是著名战斗英雄王海驾驶过的米格 –15 歼击机。机上的 9 颗红五星标志着王海在抗美援朝战争中的战绩。

飞行员王海和他驾驶的战斗机

王海驾驶的米格 –15 歼击机，是 1946 年由苏联米高扬设计局在米格 –9 歼击机的基础上研制并试飞成功的。该机长 10.1 米，翼展 10.08 米，机高 3.7 米，空重 3.636 吨，最大飞行速度 1070 千米／时，实用升限 15.5 千米。该机配备有 H–37 型 37 毫米航炮 1 门（米格 –15 歼击机是世界上最早装备 37 毫米航炮的空战飞机。该航炮炮弹射速高，穿透力强，可打穿当时飞机上使用的任何装甲）和 HC–23KM 型

23 毫米航炮 2 门，各备弹 200 发。机翼下还设有挂架，可携带火箭或炸弹，炮舱里在不装航炮的情况下，可装照相机进行空中侦察照相。该机采用铝合金应力蒙皮结构，起落架为前三点可收式，座舱为单人增压密封式，进气口开在机头，发动机在机身后段。从该机的各方面性能来看，它不愧为第二次世界大战后第一代喷气式歼击机的佼佼者，美国人曾称它为"绝对武器"。

王海是新中国成立后的第一代飞行员。20 世纪 50 年代初，朝鲜战争爆发，王海积极响应"抗美援朝、保家卫国"的号召，参加中国人民志愿军空军，赴朝与朝鲜人民军携手打击侵略者。

1951 年 11 月 18 日下午，志愿军空军雷达发现美机 9 批 180 余架次，对清川、安州一带的铁路目标进行轰炸扫射。由志愿军空军和友军共同编成的大机群，奉命飞往战区迎击敌人。志愿军空军第九团一大队大队长王海率 6 架战机飞抵战区后，发现左前方低空有数十架 F-84 型战斗轰炸机，正对清川江大桥实施轰炸，遂率队急速降低高度，直插美军机群，猛烈开火。美机遭到突如其来的攻击，十分惊慌，仓促应战。双方飞机混在一起转起了圈。王海率队发挥米格飞机垂直机动性能强的优势，迅速爬高占位，以几次疾速爬高，又急冲直下的猛烈冲击，将美机队形冲乱。王海抓住战机，率领编队对美机发起攻击。王海在 500 米的距离上瞄准一架美机，刚要开火，另一架美机却暗暗对准王海的飞机。僚机焦景文眼疾手快，当即瞄准这架准备偷袭的美机，按下炮钮，3 门机炮齐发，顿时，这架美机爆炸。与此同时，王海抓住战机猛烈开炮，打掉了前面的美机。然后一个跃升翻转，王海又把一架要攻击焦景文的美机套进了瞄准具的光环，三炮齐射，打得这架飞机一头栽了下去。僚机焦景文又在 600 米以内咬住一架美机，一阵猛烈炮火把它打掉。这时，另一边的 4 号机孙生禄被 8 架美机围在了中间，他以 1 对 8，毫无惧色，紧紧咬住 1 架美机不放，硬是逼近至 300 米，把这架美机打得凌空开花。几分钟的战斗，王海大队接连击落美机 5 架，其中王海击落 2 架，王海大队以 5∶0 的战果打了一个漂亮仗。

抗美援朝中王海驾驶的米格 —15 飞机

王海所在的大队两次入朝，与敌空战 80 余次，共击落击伤敌机 29 架，创志愿军空军大队歼敌的最高纪录，荣立集体一等功，被誉为"英雄的王海大队"。志愿军领导机关为王海记特等功、一等功，授予他"中国人民志愿军一级战斗英雄"称号。王海大队所有人员全部荣立战功，架架飞机都涂上了红五星，其中王海本人驾驶战机击落击伤敌机 9 架，战机上的 9 颗红星就是王海战绩的标志。

几十年过去了，1984 年 7 月，王海以空军副司令员的身份随中国军事代表团访问美国。当美国空军参谋长加布里埃尔上将见到王海时，惊奇而激动地说："你就是那位朝鲜战场上的王海？我当年在朝鲜就是在一次空战中被你打下来的。"两人热烈握手，王海说："如果你们再进攻我们，我们还要把你们打下来！"顿时激起了一阵笑声和掌声。

优秀狙击手张桃芳使用过的步马枪

张桃芳使用过的步马枪

这是一支步马枪,苏联1944年制造。枪管长520毫米,瞄准基线长420毫米,初速820米／秒,有效射程400米,表尺射程1000米,枪全长1325/1020毫米。闭锁方式为机头回转,瞄准具为弧形表尺,圆柱形准星,弹仓可装5发子弹。

这支步马枪,有着极不普通的经历。它的主人曾使用它在32天内以436发子弹打死打伤214名敌人,创造了中国人民志愿军在朝鲜战场上冷枪杀敌的最高纪录。这支枪的主人是优秀狙击手张桃芳。

张桃芳,江苏兴化人,农民出身,1952年9月赴朝参战。当时,前沿部队广泛开展冷枪冷炮杀敌活动。张桃芳所在的连队开展了争创杀敌百名狙击手活动。

张桃芳刻苦钻研狙击技术,抓紧时间观察地形,研究敌人的活动规律,加修射击台,改善射击环境,将敌人难走的道路和经常走的地方统统测好距离、编好号,做固定封锁点,并不断在实战中总结经验。因此,张桃芳的狙击成绩越来越好,很快就成了团里有名的神枪手。他在18天的时间里,用250发子弹歼灭了71个敌人,并在团里第一个突破歼敌百名大关,被授予"百名狙击手"称号。团里的"阵地快报"上登载了他冷枪杀敌 113 名的事迹,并号召全团狙击手向他学习。

这时的张桃芳已经是一个出色的狙击手,并成为许多新狙击手的老师。他所在班在他的帮助和带动下,全班共杀敌 760 名。

张桃芳以他突出的战绩,被志愿军领导机关授予"二级战斗英雄"称号,朝鲜民主主义人民共和国最高人民会议常任委员会授予他一级国旗勋章。而这支同样立下战功、和张桃芳的名字密不可分的步马枪作为一级文物被陈列在中国人民革命军事博物馆展厅中,向人们展示着它不寻常的经历。

张桃芳在练习射击

"人民英雄坦克" 215 号

陈列在中国人民革命军事博物馆的 215 号坦克，在抗美援朝战争中被授予"人民英雄坦克"。这是一辆苏制 T-34 型坦克，当年配备分别是车长杨阿如、炮长徐志强、驾驶员陈文奎、装填手兼预备炮长师凤山、无线电员许世德。

1953 年 7 月，志愿军开始了夏季反击战役。在石砚洞北山某高地上，敌人的 3 辆坦克严重威胁着志愿军的阵地。某部二排排长兼 215 号坦克车长杨阿如接受上级命令，务必在 8 日晚 9 点 30 分之前消灭 346.6 高地上的 3 辆敌军坦克，配合步兵争夺石砚洞北山。

7 日夜，杨阿如率 3 辆坦克，冒着暴雨开赴前线。前进的道路泥泞不堪，在距离敌人 1200 多米、距离操炮地点还差 100 米左右的地方，215 号坦克陷进了泥坑里。战士们迅速跳下车，进行抢挖，可是

"人民英雄坦克" 215 号

坦克还是一动不动。杨阿如及时向指挥所报告了情况。了解到 215 号的处境后，指挥所果断下达命令，陷在泥里也要打！在战斗发起前 5 分钟内必须把敌人的 3 辆坦克消灭掉。接受命令后，他们当即决定，后边两辆坦克先退回去，由 215 号坦克单独承担这项艰巨的任务。此时，天色已晚，夜幕成了最好的保护网。大家分头找来了各种草木，用泥土将 215 号坦克像小山丘一样隐蔽起来。战士们躲在坦克掩体里，仔细观察敌人的 3 辆坦克。次日，度过了漫长的白天，敌人丝毫没有发觉。

黄昏时分，车长指挥 215 号坦克连续准确地射击，击毁敌人的 M46 坦克 2 辆，击伤 1 辆，完成了任务。此时，215 号坦克已经完全暴露了目标，随时可能被敌人摧毁，大家都很着急。这时，驾驶员陈文奎想出一个妙计：敌人知道我们惯打夜战，打完就跑，所以，他们也不追，只是随着我们坦克开走的发动机声追踪射击。我们何不将计就计？于是陈文奎发动坦克，一开始加大油门，故意把声音弄大，然后像离开似的，声音由大到小，逐渐减弱。果然，敌人听到声音，以为志愿军坦克开走了，拼命往后追打，沿着坦克进出的道路，一直延伸了 5 里多路。其实 215 号坦克一动也没动。

趁着夜色，他们马上把 215 号坦克继续隐蔽起来。第二天，敌人的炮火更加猛烈了，硝烟和焦土笼罩着阵地。坦克上所有的窗门都关了起来，只能偶尔打开驾驶窗，呼吸一点新鲜空气。无线电员、炮长、驾驶员相继昏倒了。指挥所要求他们留下两个人，把其他人员撤下去。可谁也不肯离队。就这样全体乘员以顽强的毅力，坚守在 215 号坦克上，共同度过了生死攸关的两天两夜。

第三天早上，电台收到指挥所的命令：今晚部队反击敌人的进攻，215 号坦克务必要在晚上 10 点之前开出来，晚上 12 点之前消灭敌 346.6 高地新调进的两辆坦克，然后撤回，并派出 4 名工兵前来支援。

紧张的抢救坦克的工作开始了。已经十分疲惫的乘员们为了躲避敌机的轰炸，先将自己伪装起来。把泥和草捆在身上，然后爬到几百米以外的山上把被敌人的炮火炸断的树干用绳子拴住，捆在腰上往回拖，有时连滚带爬。就这样冒着敌人的炮火往返数次，终于在临近傍晚时聚集了70多根木头，垫平了道路。战斗打响了，他们仅用了11分钟，以44发炮弹的代价，击毁敌M46坦克2辆，地堡12个，机枪巢3个，小口径炮3门。215号坦克顽强地坚持战斗了三天三夜，胜利地完成战斗任务，安全地撤回后方。在英雄坦克的有力配合下，志愿军最终完全控制了石岘洞北山阵地。

215号坦克共击毁敌M46坦克5辆、击伤1辆、摧毁地堡26个，击毁敌迫击炮9门、坑道和指挥所各1个、汽车1辆，出色地完成了七次配合步兵的作战任务。为此，中国人民志愿军总部授予215号坦克"人民英雄坦克"光荣称号，全体乘员记集体特等功一次，车长杨阿如荣立一等功、获二级战斗英雄称号。陈文奎、师凤山记二等功一次，徐志强记三等功一次。

志愿军215号"人民英雄坦克"全体乘员

"功勋鱼雷快艇"——158号

陈列在中国人民革命军事博物馆的"功勋鱼雷快艇"——158号

这艘编号为158号的苏制123型鱼雷快艇，排水量22吨，最大航速46节，装备有450毫米鱼雷两枚、12.7毫米舰用高射机枪两挺，是新中国成立初期人民海军的装备之一，具有速度快、体积小、机动性好、杀伤威力大等特点，有海上"铁拳手"之称。

1954年下半年始，国民党海军护卫舰"太平号"经常在东南沿海的温州湾、三门湾和台州湾一带窜扰。该舰全长96.5米，宽11.67米，6000匹马力，排水量1430吨，舰载官兵200余人。主要武器系统有76.2毫米舰炮4座，40毫米舰炮4座，20毫米高射机关炮10门，深水炸弹发射装置9座。"太平号"护卫舰是当时国民党海军的主力舰之一，经常在东南沿海地区窜扰，甚为嚣张。

为打击国民党海军的嚣张气焰，人民海军下定决心击沉"太平号"。1954年11月1日，人民海军第三十一大队的155号、156号、

157 号、158 号、159 号和 160 号 6 艘鱼雷快艇奉命由浙江定海隐蔽开进至高岛海域，等待战机。与此同时，在高岛雷达站设立了岸上击沉"太平号"护卫舰的 158 号鱼雷快艇指挥所，由副大队长纪智良负责指挥；6 艘鱼雷快艇联合成立海上指挥部，设在 155 号艇上，由中队指导员朱洪禧和副中队长铁江海负责指挥。

6 艘鱼雷快艇在高岛附近海面一等就是 13 个昼夜。11 月 14 日 0 时 5 分，高岛雷达站发现在高岛附近的可疑目标。根据雷达的回波形状和该舰的活动特点分析，判明是"太平号"。155 号、156 号、157 号和 158 号 4 艘鱼雷快艇奉命进入一级战备。4 艘鱼雷快艇于 0 时 50 分抵达待机地点，并在岸上指挥所的引导下接近"太平号"。1 时 28 分，155 号鱼雷快艇报告，右舷发现灯光。海上指挥员命令 4 艘鱼雷快艇修正航向，加速前进，由 155 号和 156 号担任主攻，157 号和 158 号策应阻击。1 时 30 分，海上指挥员发出攻击命令。4 艘艇立即组成了"左梯队"进攻队形，加快速度向"太平号"驶进。1 时 35 分，指挥员一声令下，4 艘鱼雷快艇发射 4 枚鱼雷，但均未击中"太平号"。

正在下沉的国民党军"太平号"护卫舰

各艇立即调整方位，再次发射，155号、156号、157号各艇发射的鱼雷仍未击中。关键时刻，158号艇在距"太平号"5链（1链等于0.1海里，合185.2米）处发射鱼雷成功命中"太平号"舰首。海面上掀起冲天的水柱，片刻之间，"太平号"上火光冲天。

身负重伤的"太平号"还以为是飞机凌空投弹，在慌乱中对空盲目射击。失去动力的"太平号"，随浪漂泊。至3时许，3艘国民党军舰才驶来救援。"太平号"在拖带航行中，逐渐下沉，于7时42分沉没于距离高岛18海里处。

击沉国民党海军"太平号"护卫舰，是人民海军鱼雷快艇部队组建以来首次取得的胜利，创造了小艇打大舰的光辉战例。后来，退役的"功勋鱼雷快艇"——158号被中国人民革命军事博物馆收藏、陈列。

后 记

　　文物不仅是历史的产物和见证，还是陈列展览的基础和主要展品。文物具有重要的研究价值和鉴赏价值，蕴含着丰富的内涵，其背后往往有感人的故事。

　　由于长期在军事博物馆工作，我十分关注革命文物特别是革命战争年代的军事文物，因为它们是陈列展览内容的主体，只有深入了解和研究革命文物，才能做好陈列展览的工作。在展览内容的设计和编辑过程中，我撰写了一些介绍和研究革命文物特别是军事文物的文章。在担任军事博物馆编辑研究处长期间，也组织同事们编写了一些介绍和研究展览内容和文物的书籍。感谢军事博物馆的领导和同事们对研究的支持和帮助。

　　为了加强对革命文物特别是军事文物的深入研究，进一步挖掘其深刻的内涵和背后的红色故事，我在多年研究和组织同事们研究的基础上，编写了《忠魂——革命文物背后的红色故事》，旨在铭记革命历史，传承红色基因，弘扬革命传统，对青少年进行爱国主义、革命英雄主义教育，为实现中华民族伟大复兴的中国梦而努力奋斗。

姜廷玉

2024 年 1 月